Reif für die Inseln mit Commissario Brunetti

Titelbild:
Lagunenstimmung vor Pellestrina

Umschlagrückseite:
Typisches buntes Haus auf Burano

Die Fotos stammen von Elisabeth Hoffmann und Karl-Ludwig Heinrich.

Grundlage für die Karten sind die Daten von Openstreetmap.org. Die Schauplätze wie auch die Anpassung der Karten wurden nach bestem Wissen und Gewissen vor Ort recherchiert. Eine Haftung für eventuelle Fehler kann nicht übernommen werden.

Satz: Bente Blasius
Druck und Bindung: Wir-machen-Druck.de, Backnang
Bildnachweis: Fotos Elisabeth Hoffmann und Karl-L. Heinrich
Grundlage für die Karten sind die Daten von Openstreetmap.org:

ISBN: 978-3-86026-237-5

Elisabeth Hoffmann & Karl-L. Heinrich

Reif für die Inseln mit Commissario Brunetti

Gastronomisch-kriminelle Touren durch die Lagune Venedigs

Harms Verlag

Liebe Brunetti- und Venedig-Freunde,

mit diesem Führer wollen wir Sie heraus aus dem Trubel Venedigs in die beschauliche Inselwelt der Lagune locken. Wir haben vier Touren für Sie zusammengestellt, die Sie von Venedig aus per Boot und Bus und, wenn Sie möchten, sogar mit dem Fahrrad auf insgesamt neun Inseln bringen.

Das Buch versteht sich als Erweiterung zum bereits erschienenen Band „Auf Schritt und Tritt mit Commissario Brunetti", in dem wir auf sieben Spaziergängen durch Venedig führen. Es enthält jedoch alle notwendigen Informationen und kann für reine Freunde der Laguneninseln auch als eigenständiger Reisebegleiter verwendet werden.

Die Schauplatzbeschreibungen beinhalten unter anderem die gastronomischen Örtlichkeiten aus Donna Leons Brunetti-Romanen und deren Verfilmungen, so dass Sie in den Genuss einfacher Trattorien und Bars, aber auch gepflegter Ristoranti kommen. In die Tourbeschreibungen wie auch in der Rubrik „Auf dem Weg" haben wir Sehenswürdiges, Wissenswertes und Kurioses eingestreut, was nicht nur für Brunettifans von Interesse sein mag.

In diesem Sinne wünschen wir immer eine Handbreit Wasser unter dem Kiel und guten Appetit.

Elisabeth Hoffmann und Karl-Ludwig Heinrich

Inhalt

Die Isola Murano vor den verschneiten Dolomiten

Hinweise zum Gebrauch des Buches

Jeder Tour ist ein kurzer Informationsblock vorangestellt.

Die Uhr gibt die ungefähr benötigte Zeit ohne Einkehr an.

Die laufende Figur gibt den Startpunkt der Tour und den nächstgelegenen Bootsanleger des ACTV an.

Die sich am Café-Tisch erholende Figur gibt den Endpunkt der Tour und den nächstgelegenen Bootsanleger des ACTV an.

Bei allen Schauplatzverweisen ist ein Kürzel angeben, dessen Aufbau am Beispiel des ersten Schauplatzes „**Isola S. Michele** **NL01**" veranschaulicht werden soll:

Isola S. Michele	**Fett** gedruckt sind in den Tourenbeschreibungen alle Schauplätze mit dazugehörigem Kürzel.
	Das aufgeschlagene Buch verweist auf einen Schauplatz aus den Romanen. Die Filmklappe verweist auf einen Schauplatz aus den Romanverfilmungen.
NL	Das nachfolgende Kürzel dient als Referenz für die Position auf den Karten. Dabei kennzeichnen die ersten zwei oder drei Buchstaben die Tour, in der der Schauplatz erwähnt wird. NL steht für die Tour durch die nördliche Lagune. OL steht für die Tour durch die östliche Lagune. SL steht für die Tour durch die südliche Lagune. STL steht für die Tour in die stille Lagune.
01	Innerhalb jeder Tour sind die Schauplätze fortlaufend durchnummeriert.

Geographische Begriffe sind in den Tourenbeschreibungen häufig *kursiv* hervorgehoben, um beim Lesen die Orientierung zu erleichtern.

Die **bibliographische Zuordnung** der erwähnten Schauplätze ist ab Seite 96 geordnet unter Angabe der Schauplatznummer gelistet.

In der Liste der **gastronomischen Schauplätze** ab Seite 98 sind die erwähnten Lokale nach Touren geordnet mit zusätzlichen Informationen aufgeführt.

Blick vom Vaporetto auf den Campanile, den Dogenpalast und die Riva degli Schiavoni

In Sachen Kulinarik

Dieses Buch versteht sich nicht als Gastronomieführer; kulinarische Empfehlungen können und wollen wir nicht aussprechen. Wir bringen Sie lediglich zu den von den Roman- und Filmhelden frequentierten Lokalitäten, wobei Sie einen Einblick in die insuläre Gastronomie erhalten.

Auf die Angabe von **Öffnungszeiten** haben wir verzichtet, da sie saisonal stark schwanken und kurzfristig dem aktuellen Bedarf oder den Wetterbedingungen angepasst werden.

Sofern nicht anders vermerkt, bieten die Lokale klassische venezianisch-italienische Küche an. Ein typisch venezianisches Gericht ist zum Beispiel Sepie nere mit Polenta (schwarzer Tintenfisch mit Maisbrei) oder Spaghetti alle sepie nere. Gerne werden auch Fegato (Leber), Moeche (junge Lagunenkrebse mit weichem, essbarem Außenskelett) oder die berühmten Sarde in Saor (in sauren Zwiebelsud eingelegte Sardinen) serviert.

Appetit anregende Auslage in einem Fischrestaurant

In den Bars und Cafés erhält man überall die typischen Snacks oder verschiedene süße Törtchen.

Venezianische Snacks

... gibt es in unüberschaubarer Vielfalt und lassen sich im Wesentlichen in zwei Kategorien unterteilen.

Die **Cichetti** (sprich Tschickétti) sind Tapas auf Venezianisch. Dazu gehören etwa eingelegtes Gemüse, frittiertes Gemüse, gestampfter Fisch, Garnelen-, Bohnen- oder Kartoffelsalat.

Zu den Brot-basierten Zwischenmahlzeiten zählen die mit Garnelen, Krebsfleisch, Thunfisch, Schinken, Salami, Brie, Gorgonzola, Mozzarella, Eiern, Tomaten, Artischocken, Oliven, Zwiebeln und manch anderem belegten:

Panini: Weiche, oft getoastete Brötchen

Tramezzini: Dreieckige Weißbrotscheiben ohne Rand

Foccacie: Flache, meist halbkreisförmige Brotfladen

Piadine: Meist zusammengerollte flache Fladen aus Pizzateig

Crostini: Baguette-Scheiben

Toast

Wer sich und dem Kellner langatmige Aufzählungen ersparen will, geht besser direkt zur Vitrine und bestellt nach eingehender Betrachtung und Beratung am Tresen.

In den meisten Speiselokalen – egal, ob vornehmes Ristorante oder einfache Pizzeria – ist es üblich, einen festen Betrag für das Gedeck (**Coperto**) zu bezahlen, das auch ein Brot-Körbchen beinhaltet. Das Coperto liegt in der Regel bei zwei bis drei Euro. Den meist zehnprozentigen Service-Aufschlag (**Servizio**), der in Venedig vor allem im Sestiere S. Marco häufig zusätzlich erhoben wird, findet man in der Lagune selten.

Sofern ein Betrieb Coperto oder Servizio in Rechnung stellt, muss er das auf der Speisekarte ausweisen.

Die Rechnung, beziehungsweise den Kassenzettel, sollten Sie nicht am Tisch liegen lassen, sondern mitnehmen. Die Gefahr, dass die Finanzpolizei (Guardia di Finanza) Sie und anschließend die Registrierkasse des Wirts überprüfen wird, ist zwar eher theoretisch, aber nur 50 Meter entfernt vom Ausgang haben Sie der gesetzlichen Pflicht Genüge getan und dürfen den Beleg wegwerfen.

Venedig im Netz

Alle Internet-Adressen in diesem Buch sind zusätzlich als QR-Code dargestellt. Die schwarz-weiß gewürfelten Bildchen ersparen den Besitzern von Smartphones mittels geeigneter App zur Erkennung des QR-Codes das Abtippen der Adresse.

Das offizielle Internet-Portal für Venedig-Besucher, www.veneziaunica.it, bietet in mehreren Sprachen einen guten Überblick bezüglich touristischer Belange wie zum Beispiel den öffentlichen Nahverkehr, öffentliche Toiletten, geführte Touren, WLAN-Zugangspunkte und selbstverständlich Informationen zu Kirchen, Museen und anderen Sehenswürdigkeiten. Auch Eintritts- und Fahrkarten sind hier online erhältlich.

Mobilität

Venezianisches Verkehrsnetz (ACTV)

Der öffentliche Nahverkehr Venedigs ist überschaubar und das Tarifsystem unkompliziert.

Ein Vaporetto in der Lagune von Venedig

Bitte beachten Sie, dass bei Hochwasser und starkem Nebel manche Wasserbusse (**Vaporetti**) nur eingeschränkt verkehren.

Zum ACTV gehören neben den Vaporetto-Linien (ohne 16 und 19) auch die orangenen Buslinien (mit Ausnahme der Flughafenbusse) auf dem Festland innerhalb der Stadtgrenzen Venedigs, auf dem Lido und auf Pellestrina bis hinunter nach Chioggia.

Die für die südliche Lagunentour benötigte Buslinie 11 ist somit ebenfalls im Tarifsystem enthalten. Fahrkarten erhalten Sie an den meisten Vaporetto-Anlegern am Automaten.

Am Anleger der Vaporetto-Linie 11 im Ort Pellestrina

An den Stationen Tronchetto, Piazzale Roma, Ferrovia, Fondamente Nove, S. Marco, S. Zaccaria sowie an den **Insel-Anlegestellen** Lido, Murano Colonna, Murano Faro, Burano werden zusätzlich Personenschalter unterhalten. Solange der Vorrat reicht, gibt es an den Schaltern auch einen Linienplan.

Die großzügige Anlegestelle San Zaccaria A an der Riva degli Schiavoni

Darüber hinaus können Sie direkt auf dem Vaporetto ein Ticket kaufen, was nicht als Schwarzfahren gewertet wird, wenn Sie sich gleich nach dem Einsteigen beim Personal melden.

Die **Einzelfahrkarte** ist in allen Verkehrsmitteln des ACTV, auch mit Umsteigen, **75 Minuten** gültig. Wenn Sie länger mobil sein wollen, bietet sich das **24-, 48-, 72-Stunden-** oder das **7-Tage-Ticket** an. Die Tarife, Linien und Fahrtzeiten wechseln des Öfteren. Bei Drucklegung dieses Buches kostete die Einzelfahrkarte 7,50 Euro, das 24-Stunden-Ticket 20 Euro, das 48-Stunden-Ticket 30 Euro, das 72-Stunden-Ticket 40 Euro und das 7-Tage-Ticket 60 Euro. Aktuelle Informationen zu den Linien und Tarifen finden Sie unter www.actv.it.

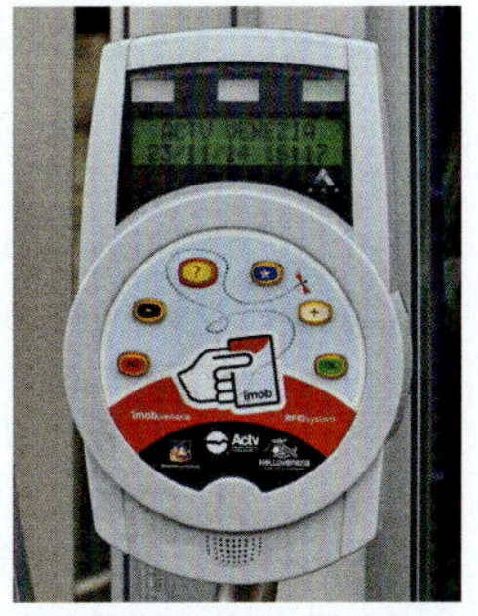

Die Tickets sind vor Fahrtantritt durch einfaches Hinhalten in die Mitte der Stempeluhr zu entwerten und können bei Bedarf auf Vorrat erworben werden.

Für Vielbesucher bietet sich der City Pass Venezia Unica (Früher: Carta Imob, Carta Venezia) an, der einmalig 50 Euro kostet und fünf Jahre gültig ist. Die Karte gewährt beträchtliche Nachlässe. So sinken zum Beispiel die Kosten für eine Fahrt im Vaporetto von 7,50 Euro auf 1,50 Euro. Das Aufladen einer größeren Menge an Fahrten wird mit weiteren Rabatten belohnt. Sie erhalten den City Pass Venezia Unica am ACTV-Hauptschalter auf der Piazzale Roma, wo Sie ein Formular ausfüllen müssen. Nähere Informationen im Internet finden Sie in englischer Sprache unter www.actv.it/en/movinginvenice/prices#C4.

An einigen großen Anlegestellen, z. B. Murano Faro und Burano, wurden - vorerst nur als Experiment - privilegierte, rosa umrahmte Schiffszugänge für Einheimische angelegt. Obwohl sie mit „Priority Venezia Unica" markiert sind, öffnen sich diese Zugänge für Touristen mit dem City Pass Venezia Unica in der Regel nicht.

Flughafenlinie Alilaguna

Die Boote der Alilaguna verbinden neben einzelnen Inseln hauptsächlich den Flughafen mit Venedig, wobei die Reisenden gleich einen wunderbaren ersten Eindruck von der Lagunenstadt erhalten. Vom Terminal ist der zehnminütige Fußweg zu den Anlegern gut ausgeschildert und der Alilaguna-Schalter am Kai deutlich sichtbar (günstiger und schneller aber weniger spektakulär ist die Verbindung mit dem Flughafenbus über Land bis zur Piazzale Roma). Den einzelnen Linien sind nicht Nummern, sondern Farben zugeordnet:

- Die orangene Linie („arancio") fährt durch den Canale di Cannaregio und den Canal Grande bis mindestens zum Anleger Giglio oder weiter bis zur Piazza S. Marco.

- Die blaue Linie („blu") fährt über Fondamente Nove, Lido und Piazza S. Marco weiter bis zum Kreuzfahrtterminal.
- Die rote Linie („rossa") führt saisonal über Murano und den Lido zur Piazza S. Marco.

Änderungen der Linienführung sind jederzeit möglich.

Die Fahrt nach Venedig kostet einfach 15 Euro, für City-Pass-Besitzer 8 Euro. Eine leichte Ermäßigung erhält, wer gleich eine Rückfahrkarte nimmt. Auch Online-Buchungen sind möglich und werden mit einem kleinen Rabatt belohnt. Die Online-Buchungen müssen allerdings etwas umständlich vor Ort erst in die eigentlichen Fahrkarten umgetauscht werden. Nähere Informationen und Online-Buchungen sind im Internet unter www.alilaguna.it verfügbar.

Wassertaxis

Aufgrund ihrer Umweltschädlichkeit und der unkalkulierbar hohen Preise raten wir von der Benutzung der Taxiboote grundsätzlich ab.

New Arte Fuga

Tour 1: Nördliche Lagune

	5 Stunden
	Fondamente Nove, Anleger B, links neben dem Fahrkartenschalter
	S. Zaccaria, Anleger A
Mögliche Alternative	Für Freunde der Seefahrt bietet sich diese Tour auch ohne Landgänge als schöner Bootsausflug von etwa dreistündiger Dauer an. Dazu nehmen Sie an der Fondamente Nove, Anleger B, die Linie 4.2, mit der Sie am meisten von Murano sehen. Am Anleger Murano Faro steigen Sie in die Linie 12 nach Burano um. Von dort tuckern Sie mit der Linie 14 (verkehrt nur stündlich 26 Minuten nach der vollen Stunde) über Punta Sabbioni und den Lido nach S. Marco zum Anleger S. Zaccaria.

Auf der sehr abwechslungsreichen Exkursion durch die nördlichen Laguneninseln besuchen wir zuerst die stimmungsvolle Friedhofsinsel S. Michele, bevor wir durch die verlassene Glasbläserinsel Sacca Serenella und das funkelnde Kristall Muranos streifen. Über Mazzorbo folgen wir im Anschluss auf Burano den Spuren des Commissario durch feine Spitzenarbeiten und quietschbunte Häuser.

Aufgrund des möglichen hohen Touristenaufkommens empfehlen wir, diese Tour entweder vor 9 Uhr morgens oder nach 12 Uhr mittags zu beginnen. Wir starten unseren Ausflug von der *Fondamente Nove, Anleger B*, direkt links beim Fahrkartenschalter. Mit dem Vaporetto der Linie 4.1 oder 4.2, Richtung Murano, fahren wir eine Station zum *Anleger Cimitero* an der an den hohen Zypressen und der kompletten Umfassungsmauer unverkennbaren **Isola S. Michele** 🕮 🎬 **NL01**, deren romantischen Zauber wir auf unserem ersten Landgang erkunden werden. Auf dem Friedhof finden fast alle Todesopfer ihre letzte Ruhe. Häufig mischt sich der Commissario mit einem Kollegen unter die Trauernden, um einen ersten Eindruck vom familiären und gesellschaftlichen Hintergrund der Verstorbenen zu bekommen. Gemäß der Beschilderung *„Recinto XIV"* wollen wir zum Grab des berühmten Komponisten Igor Stravinsky laufen, da in dessen nächster Nähe auch Brunettis Vater und seine jüngst verstorbene Mutter beigesetzt sind.

Dazu halten wir uns am *Anleger Cimitero* geradeaus und schneiden das gemauerte Halbrund mit den eingebauten Familiengrabstätten. Nach einer Treppenstufe führt der Weg durch eindrucksvolle Kolumbarien, in denen die Särge oder Urnen der Verstorbenen aufbewahrt sind.

Es folgt ein Durchgang, hinter dem wir auf zwei einzeln stehende, kapellenartige Mausoleen treffen. Vor ihnen wenden wir uns weiter nach rechts. Wenig später stehen wir auf der linken Seite vor dem Eingang zum *Recinto Greco,* in welchem sich ganz hinten rechts die Gräber von Stravinsky und seiner Frau mit den Nummern 36 und 37 befinden.

Das Filmgrab von Brunettis Mutter liegt mitten im Hauptbereich des Friedhofs auf dem Campo M in Recinto I. Diesen erreichen wir, indem wir in dem beschriebenen gemauerten Halbrund links auf dem Hauptweg ins Zentrum der Insel laufen.

Frisch erholt von dem Spaziergang im Grünen kehren wir zum Anleger zurück, in dessen Nähe sich die Möglichkeit einer kostenlosen Toilettenbenutzung bietet. Mit der Linie 4.2 setzen wir weiter nach Murano über. Alle beschriebenen Schauplätze auf der Insel und auf Sacca Serenella beziehen sich auf den Roman (🕮) und dessen zum Teil erheblich vom Buch abweichende Verfilmung (🎬) „Wie durch ein dunkles Glas".

Das Vaporetto erreicht nach kurzer Fahrt die *Anlegestelle Murano Colonna,* von der aus sich Brunetti auf den Weg zur sogenannten Fornace (Glasbläserei) von De Cal macht. Wir steigen jedoch, im Gegensatz zu den meisten Touristen, erst eine Station später auf Muranos kleiner Schwesterinsel *Sacca Serenella* aus.

Venezianisches Totengedenken

Nicht nur für Friedhofsfreunde bietet sich eine ausgiebige Erkundigung der Insel an, die erst seit Beginn des 19. Jahrhunderts als Begräbnisstätte genutzt wird. Vorher hatten die Venezianer ihre Toten auf den Kirchenvorplätzen oder in den Klostergärten der Stadt bestattet, was aus hygienischen Gründen nicht mehr haltbar war.

Napoleon Bonaparte wies im Jahr 1804 als letzte Ruhestätte fortan die Isola S. Cristoforo aus, die sich sehr bald als zu klein erweisen sollte. Anno 1837 wurde S. Christoforo schließlich mit der benachbarten Klosterinsel S. Michele zu einer einzigen Insel, der heutigen Isola S. Michele verbunden, und der trennende Kanal zugeschüttet. Der dort errichtete städtische Zentralfriedhof leidet seit jeher an Platznot, was regelmäßige Erweiterungen und eine begrenzte Liegezeit zur Folge hat.

Ein Besuch an Allerheiligen (1. November) ist ein Erlebnis der besonderen Art: Die Gemeinde richtet einen kostenlosen Pendelverkehr ein, und ganz Venedig scheint auf die „Insel der Toten" zu pilgern. Die Gräber werden mit frischen Blumen und Gestecken geschmückt und zum Abschluss picknicken die Angehörigen im Kreise ihrer Verstorbenen.

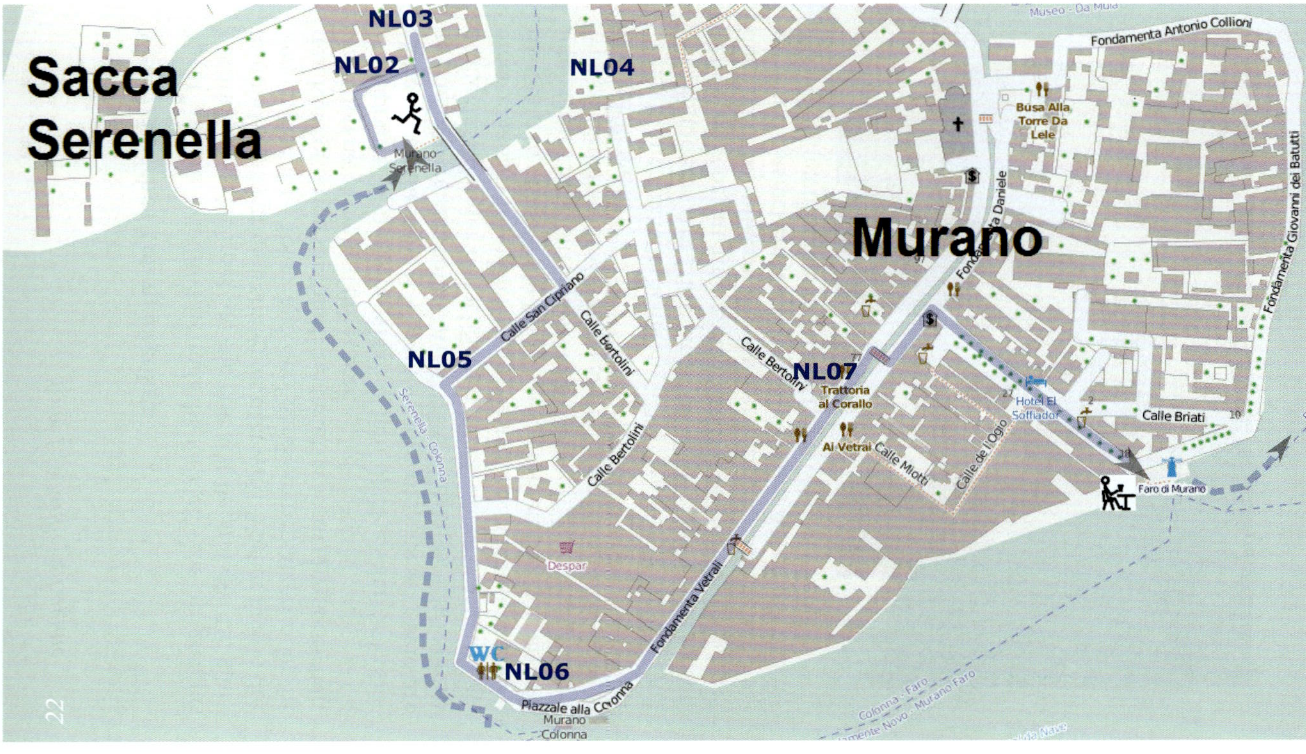
Sacca Serenella
Murano
NL02
NL03
NL04
NL05
NL06
NL07
Murano Serenella
Serenella - Colonna
Calle San Cipriano
Calle Bertolini
Calle Bertolini
Calle Bertolini
WC
Despar
Piazzale alla Colonna
Murano Colonna
Fondamenta Vetrai
Trattoria al Corallo
Al Vetrai
Calle Miotti
Calle de l'Ogio
Fondamenta Daniele
Busa Alla Torre Da Lele
Hotel El Soffiador
Calle Briati
Faro di Murano
Fondamenta Antonio Collioni
Fondamenta Giovanni dei Batutti
Museo - Da Mula
Colonna - Faro
Murano Faro

Die Trattoria Serenella dal Coco

Bereits in Sichtweite befindet sich das Stammlokal der Glasbläser, die **Trattoria Serenella dal Coco** 🕮 **NL02**, zu der wir nach ein paar Schritten links am Wasser rechts über ein Wiesenstück gelangen. Bei vorzüglicher Hausmannskost gibt der Fabrikarbeiter Giulio Navarro dem Commissario und Vianello bereitwillig Auskunft über den cholerischen Fornace-Besitzer De Cal.

Die weitere Exkursion ins marode Inselinnere ist nur für hartgesottene Spurensucher empfehlenswert. Von der Trattoria kann wer mag auf dem weißen Kiesweg nach links durch verfallene und zum größten Teil stillgelegte **Glasbläsereien** 🕮 **NL03** stromern. De Cal gerät ins Kreuzfeuer der Ermittlungen, als sein Nachtwächter Tassini tot vor einem Brennofen aufgefunden wird. Tassini war einem von De Cals Fornace ausgehenden Umweltskandal auf die Spur gekommen.

Der wasserseitige Fabrikeingang von De Cal

Auf dem gleichen Weg wieder zurück zum Anleger begeben wir uns geradeaus auf die moderne Brücke, die von der ausgestorbenen Sacca Serenella auf das quirlige Murano führt.

Kunstvolle Kamine auf einer alten Fornace

Mit einem Polizeiboot braust Brunetti nach Murano, zu dem von oben linkerhand gut einsehbaren **wasserseitigen Fabrikeingang von De Cal NL04**, der in der Biegung des Rio in dem grauen Gebäude hinter dem grünen Zaun und den beiden hölzernen Landungsflößen lokalisiert wurde (s. S. 24/25).

Auf Murano angekommen geht es mit der *Calle Angelo Zecchin* noch kurz durch die eintönige Arbeitersiedlung, bis wir an deren Ende rechts in die *Calle S. Cipriano* abbiegen und dem Weg folgend auf die Uferpromenade stoßen. Rechts lädt die **Glasbläserei NL05** zur kostenlosen Vorführung ein; wir hingegen genießen wie De Cals Tochter und der grüne Bürgermeisterkandidat Fasano den wunderbaren Blick über die Lagune hin zur Serenissima. Im Unterschied zu den beiden werden wir hoffentlich nicht von der Polizei in unseren Betrachtungen gestört.

Zum Greifen nahe befindet sich linker Hand die Friedhofsinsel S. Michele mit der Kirche und ihrem weißen Baptisterium. Links davon in Verlängerung unserer Uferpromenade sehen wir den schlanken Kirchturm der Chiesa S. Francesco de la Vigna, in deren unmittelbarer Nähe sich die aus den Verfilmungen bekannte Questura befindet. Hinter dem Zypressenhain der Friedhofsinsel erhebt sich der majestätische Campanile der Markuskirche mit seiner grünen Turmspitze. Ein ganzes Stück weiter rechts fällt die von Brunetti abschätzig als Panettone (italienischer Weihnachtshefekuchen) bezeichnete auffallende Kuppel der Chiesa Madona de l`Orto ins Auge. Noch weiter rechts sehen wir im Hintergrund den Damm, der Venedig mit dem Festland verbindet, und die Skyline des Porto Marghera, bestehend aus Kränen und Fabrikschloten.

Blick von Murano auf Venedig mit der Chiesa Madona de l`Orto ganz rechts

Sobald wir uns von dem Anblick lösen können, flanieren wir nach links entlang der Promenade *Fondamenta Serenella,* vorbei an Glasstudios und der gelben Villa (eines Fornace-Besitzers!?). Mit dem Uferweg ums Eck herum gelangen wir nach der Vaporettostation und ein paar Verkaufsbüdchen zum früheren **Gran Caffè Laguna** 🕮 **NL06**, der Stammkneipe von De Cal. Im Jahr 2016 musste die gemütliche Bar leider einem weiteren Glasladen weichen.

Vor dem Gran Caffè Laguna im Jahr 2015

Hinter der namensgebenden Colonna (Säule) tauchen wir immer tiefer in die funkelnde Welt des Glases ein. Begleitet vom *Rio Vetrai* lassen wir uns von einer Schaufensterauslage zur nächsten treiben, bis wir kurz vor der *Ponte de Mezo*, der zweiten den Rio überspannenden Brücke, die **Trattoria Al Corallo** 🎬 **NL07** passieren.

Auf den Fotografien an der Wand entdeckt Brunetti ein Bild seines Vaters, der in jungen Jahren auf der Insel gearbeitet hat. Gemeinsam mit dem Wirt teilt er die Sehnsucht nach der guten alten Zeit, als es noch qualitativ hochwertige Glasbläsereien auf Murano gab, die mittlerweile längst der Billig-Konkurrenz aus dem Osten zum Opfer gefallen sind. Sein eigentliches Anliegen ist jedoch der Mord an De Cal, an dem sein Gesprächspartner selbst posthum kein gutes Haar lässt. Vor der Trattoria sieht der skandalträchtige Signor Fasano bei einer Flasche Grappa seinen Bürgermeisterposten in weite Ferne schwinden.

Über die *Ponte de Mezo* begeben wir uns ans andere Ufer, wenden uns nach links und lassen mit der nächsten Abzweigung *Bressagio* das Zentrum der Glasbläserinsel hinter uns. Direkt am Beginn des baumbestandenen, platzartigen Weges begrüßt uns eine in unregelmäßigen Abständen wechselnde Glasskulptur. Nun ist es nicht mehr weit bis zum Leuchtturm und der *Anlegestelle Murano Faro* (Leuchtturm), die wir geradeaus entlang einladender Parkbänke und einem Straßencafé erreichen.

f
ormia
urano

Mazzorbo
Burano
Mazzorbo
NL08
Venissa
Il Ristorante
Vigna Murata
di Venissa
Ponte Longo
Murano - Torcello
Mazzorbo - Burano
Burano
NL09
Calle dei Squeri
Calle del Principe
Fondamenta Pontinello
Fondamenta Terranova
NL13
NL11
Via Baldassare Galuppi
NL10
Via Divignia
Piazza
Baldassare
Galuppi
WC
Fondamenta Terranova
Corte Terranova
NL12
Chiesa
di S. Martino
Rio Terra del Pizzo
Fondamenta del Pizzo

Das Vaporetto der Linie 12, mit dem wir weiter in Richtung Burano zu Schauplätzen (🕮) aus „Das Gesetz der Lagune“ und „Stille Wasser“ fahren, legt vom linken, nahe am Leuchtturm gelegenen Landungssteg ab.

In die knapp halbstündige Überfahrt bringen einzelne verwilderte, ruinenbestandene Inselchen und der schon weithin sichtbare schiefe Kirchturm von Burano Abwechslung. Bei entsprechender Fernsicht beeindruckt aber hauptsächlich das gigantische Bergpanorama, vor dessen Kulisse man die Start- und Landemanöver am nahegelegen Flughafen Marco Polo beobachten kann.

Wie vor uns schon Commissario Brunetti gehen wir bereits in **Mazzorbo** 🕮 **NL08** an Land, um den beschaulichen, etwa zehnminütigen Spaziergang nach Burano zu unternehmen. Die bunten Häuschen an der Uferpromenade sind nur ein Vorgeschmack dessen, was uns auf der berühmten Nachbarinsel erwartet.

Das Vaporetto nähert sich dem Anleger Mazzorbo.

Auf dem Weg vom Terminal zum Ortszentrum von Burano

Vom *Anleger Mazzorbo* flanieren wir links die Fondamenta entlang, passieren die öffentliche Parkanlage mit einer ehemaligen Kapelle und ihrem verwitterten Glockenturm und erreichen mittels der langgezogenen Holzbrücke Burano. Linkerhand ist das moderne großzügige *Terminal* zu sehen, von dem wir später das Schiff zurück nach Venedig nehmen werden. Da die Linie 14 nur einmal pro Stunde verkehrt, sollten Sie sich hier schon nach der aktuellen Abfahrtszeit erkundigen. Zur Drucklegung war die Abfahrt 26 Minuten nach der vollen Stunde.

Am Anleger angelangt wenden wir uns weg vom Wasser und bewegen uns geradeaus auf das Inselzentrum zu. Vorbei an einem Carabinieri-Schild der „Località Burano“ stoßen wir nach wenigen Häusern linkerhand auf die kleine **Bar Primavera** 🕮 **NL09** mit ein paar verstreuten Stühlen vor der Tür. Brunetti und Vianello kehren dort auf einen schnellen Caffè mit leckeren hausgemachten Brioches ein und lassen sich von der freundlichen Wirtin den Weg zum Postamt erklären.

Vor der Bar Primavera

Weiter geradeaus tauchen wir dicht flankiert von Ständen mit Spitzen-Stickereien in eine schmalere Gasse ein und dürfen uns nach bestandener „Nadelprobe“ dem Farbenrausch der Insel hingeben, deren Häuschen einen kräftig bunten Anstrich besitzen.

Spitzen-Stickereien sind das wichtigste Kunsthandwerk auf Burano.

Links neben dem sich malerisch windenden Rio schlendern wir bis auf die Holzbrücke, genießen von oben den wunderschönen Blick auf das pittoreske Ensemble und betreten anschließend die breite *Via Baldassare Galuppi*.

In der Via Baldassare Galuppi Nummer 470 grüßen die lebensgroßen Statuen von Maria und Jesus vom Balkon.

Gedeckter Tisch in der Trattoria Da Romano

Immer mehr weitet sich die geschäftige „Hauptstraße" Buranos und geht schließlich in einen großzügigen Platz über, auf dessen linker Seite wir das lindgrüne Haus mit dem auffallend roten Schriftzug der **Trattoria Da Romano** **NL10** ansteuern. Wir wünschen Ihnen nicht die Enttäuschung, die Commissario Brunetti erleben muss: Den ganzen Weg von Mazzorbo bis hierher freut er sich auf das bekannt leckere Mittagessen, um dann frustriert feststellen zu müssen, dass das Lokal ebenso wie die gesamte Insel komplett mit Touristen überfüllt ist. Sein Hunger wird aufgrund dessen nur notdürftig im Stehen vor einer Imbissbude gestillt.

Hoffentlich angenehm gestärkt laufen wir ein paar Meter zurück, um rechts an der Hausnummer *229* durch einen schmalen Durchgang zu schlüpfen. Wir folgen der Gasse, die sich zu einem kleinen Plätzchen weitet und in einen gepflegten Platz mit hübschen Häusern übergeht. Rechts am Haus *259* vorbei geht es geradeaus und weiter mit dem Weg leicht rechts durch ein typisches Burano-Wohnviertel.

Auf dem Weg zum Inselpostamt

Darf's noch etwas bunter sein?

Einige beliebte, jedoch gleichermaßen umstrittene Legenden für die farbenfrohen Häuschen Buranos lauten:

- Die betrunkenen Fischer konnten anhand der Farben besser nach Hause finden.
- Auch die nüchternen Fischer konnten ihre Insel leichter erkennen.
- Nach einer überstandenen Cholera-Epidemie malten die Bewohner ihre Häuser zum Zeichen der Freude bunt an.
- Jede Farbe ist einer bestimmten Familie zugeordnet.

Eine gesicherte Begründung gibt es nicht. Uns erschien die folgende Erklärung eines Einheimischen am plausibelsten: Aufgrund der häufigen Abwesenheit der Fischer war die Gesellschaft matriarchalisch geprägt. Die Frauen lebten ihren Sinn für Ästhetik aus, indem sie ihre Häuser bunt bemalten und sogar Wettbewerbe um das schönste Haus veranstalteten. Diese Tradition hat sich bis heute erhalten.

Das kleine Inselpostamt links ist an seinem bushaltestellenähnlichen Schild „PT“ erkennbar.

Vor dem großen, schmutziggelben Schulgebäude spazieren wir links entlang der Rollstuhlrampe bei Hausnummer *827A* nur wenige Schritte zum Rio in die *Fondamenta Terra Nova*. Wir überqueren die vor uns liegende Steinbrücke und sehen gleich rechts das winzige **Inselpostamt** 🕮 **NL 11** in der *Fondamenta Terra Nova 162*. Der Commissario und sein Ispettore Vianello ziehen bei den zwei reizenden Schalterdamen Erkundigungen über die geheimnisvollen Postsendungen des verstorbenen Davide Casati ein. Dabei erfahren sie auch die Adresse von Patrizia Minati in der *Calle del Turco*, die die Post für ihn bearbeitet hat.

Vom Postamt geht es weiter die *Fondamenta Terra Nova* links neben dem leicht gewundenen Kanal entlang, und wir kurven mit seinem Verlauf nach rechts ein. Durch die Stichgassen linkerhand erhascht man immer wieder einen Blick auf die Lagune und die Salzmarschen, die sogenannten Barene. Frontal vor uns neigt sich der bedenklich schiefe Kirchturm über die Dächer der putzigen Häuschen. Wir halten geradeaus auf die Kirche zu, die einmündenden Stichwege und Höfe weiterhin links liegenlassend.

Der schiefe Kirchurm der Chiesa S. Martino von der Fondamenta Terra Nova aus

Die Calle del Turco zwischen dem weinroten und dem blauen Haus

Kurz vor der Linkskurve des Rio mündet zwischen einem roten und blauen Haus die vorletzte Stichgasse **Calle del Turco** 🕮 **NL12**, in der Patrizia Minati wohnt, in unseren Weg ein. Die Wissenschaftlerin für Bodenkunde war lange Zeit für die Vereinten Nationen in Usbekistan tätig und hatte dort Bodenproben analysiert. Aufgrund des Bienensterbens in seinen Stöcken hatte Casati Proben an ein Universitätslabor in Lugano geschickt und sich von Signora Minati die niederschmetternden Testergebnisse „übersetzen" lassen.

Ein paar Schritte zurück überqueren wir auf Höhe des *Corte Terranova* den Kanal. Auf der anderen Seite wenden wir uns nach links und stehen bald darauf auf dem etwas überdimensionierten *Campo Baldassare Galuppi* (benannt nach dem berühmtesten Sohn der Stadt, dem Opern-Komponisten Baldassare Galuppi) mit der *Chiesa S. Martino* und dem Spitzen-Museum, *Museo del Merletto*.

Wir überqueren den Platz diagonal und entfernen uns bei Hausnummer *300* links in den platzartigen *Rio Terà Pizzo*. Linkerhand kann man sich bei Bedarf in den öffentlichen Toiletten erleichtern. Nach einem Stickereigeschäft, einer Bar und einer Pasticceria laufen wir bei Hausnummer *280* rechts im Eck durch einen rot getünchten schmalen Durchlass in die *Calle de la Providenza*. Die Calle führt zu einer Brücke, vor der wir uns nach rechts wenden und die breite Fonadamenta vorbei am *Fischmarkt* mit seinen fest installierten Steintischen entlang schlendern.

Steintische auf dem Fischmarkt

Farbenfrohe Häuser am Kanal nahe dem Fischmarkt

Hier erleben wir die wohl fantastischste Farbenexplosion auf der Insel und müssen aufpassen, unseren nächsten Schauplatz nicht zu verpassen: In unseren Weg münden mehrere, zum Teil miteinander verbundene Gassen und Höfe.

Den *Corte dei Vigneri* erreichen wir, vom Fischmarkt aus gezählt, nach dem dritten Hof, kurz vor der Brücke.

Wir gehen durch den Corte auf das sofort ins Auge stechende knallrote Haus zu, links davor steht ein ebenso knalliges in blau und davor das ausgebleichte blassrosa **Haus des Fischers Spadini 🕮 NL13** (das schon seit Jahren zum Verkauf ansteht). Brunetti trifft den Fischer leider nicht an, dafür eine aufmerksame Einheimische, die kein gutes Haar an ihrem Nachbarn lässt und zu berichten weiß, dass Spadini seit mehr als einer Woche verschwunden ist. In realtà wurde das knallrote Haus leider 2017 mit einem langweiligen Grauton übertüncht.

Corte dei Vigneri (Foto aus 2015)

Da er sich auch uns nicht zeigt, verlassen wir dieses farbenfrohe Plätzchen bei dem rotbraunen Haus mit der Nummer *882* durch einen schmalen Durchgang und stoßen wieder einmal auf einen Rio. Zurück zum Schiff und damit zum Ende dieser Exkursion geht es über die Brücke, die zehn Meter rechts neben uns das Wasser überspannt. Auf der anderen Seite laufen wir – so wie wir auch gekommen sind – links am Rio, bis wir uns einige Häuser weiter beim *Ristorante Riva Rosa* weg vom Wasser nach rechts wenden und geradeaus vor uns schon das hundert Meter entfernte *Schiffsterminal* sehen.

Vom Anleger fällt die *Isola Torcello* mit ihrem mittelalterlichen Kirchenkomplex ins Auge, die unbedingt einen Ausflug wert ist. Das bei Vice-Questore Patta beliebte Luxushotel Cipriani unterhält dort eine Dépendance. Sie erreichen Torcello ebenfalls mit der Linie 12 oder der Linie 9 vom Anleger Burano aus.

Blick von Burano hinüber nach Torcello

Das meist zweistöckige Schiff der Linie 14 bringt Sie in 75 Minuten über Tre Porti, Punta Sabbioni und den Lido bis zur Anlegestelle S. Zaccaria. Die bereits bekannte, schnellere Alternative mit der Linie 12 zur Fondamente Nove benötigt 40 Minuten.

PT

Tour 2: Östliche Lagune

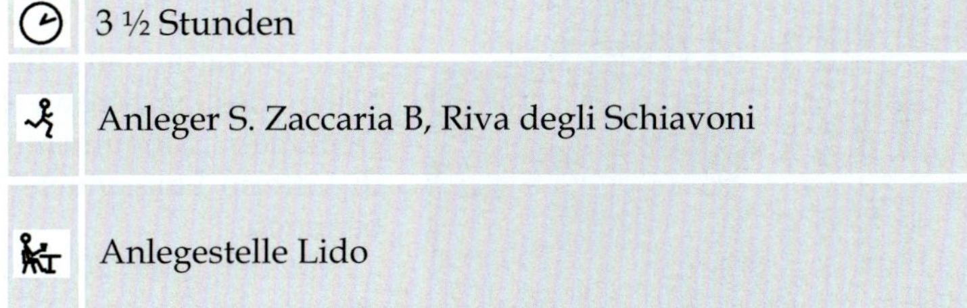

	3 ½ Stunden
	Anleger S. Zaccaria B, Riva degli Schiavoni
	Anlegestelle Lido

Auf dieser Tour können wir im gepflegten Park der ehemaligen Psychiatrie-Insel S. Servolo spazieren, die Belle-Epoque-Architektur am Lido bewundern und vom langen Sandstrand einen Sprung ins kühle Nass wagen (Badesachen nicht vergessen!).

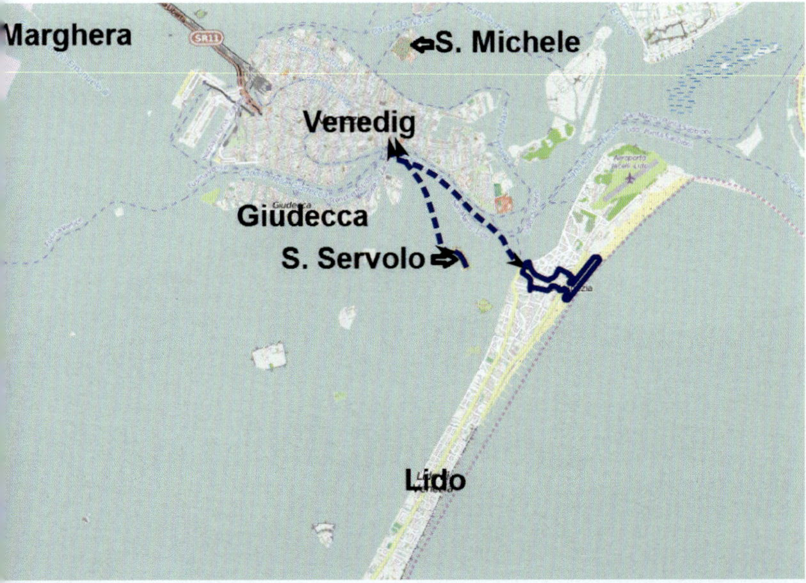

Wir starten unseren Ausflug an der *Anlegestelle S. Zaccaria, Anleger B*, die sich an der *Riva degli Schiavoni* in der Nähe des imposanten Denkmals „Monumento di Vittorio Emmanuele“ befindet.

Mit der Linie 20 setzen wir in ein paar Minuten über zur **Isola S. Servolo** 🕮 **OL01**, wo der unglückliche Luca Guzzardi in der bis 1976 dort ansässigen Psychiatrie sein Dasein fristete und einsam verstarb. Aufgrund ihm vorgeworfener illegaler Kunstgeschäfte während des Zweiten Weltkriegs wurde er in der Anstalt elegant aus dem Verkehr gezogen.

Verrückt in Venedig

In dem ehemaligen Benediktinerkloster S. Servolo mit der doppeltürmigen Kirche hat im 20. Jahrhundert bis zur endgültigen Schließung aller psychiatrischen Krankenhäuser Italiens 1976 die Gemeinde Venedig ihre Psychiatrie für Männer eingerichtet. Mittlerweile sind dort ein Tagungszentrum sowie ein aufschlussreiches Museum über die psychiatrische Behandlung der letzten Jahrhunderte mit einer historischen Apotheke und einem kleinen anatomischen Theater untergebracht. Das Museum öffnet zweimal täglich seine Pforten für die Öffentlichkeit und ist auch außerhalb der Besuchszeiten nach Voranmeldung im Rahmen einer italienischen oder englischsprachigen Führung zu besichtigen (Tel: +39 041 5240119, www.sanservolo.provincia.venezia.it).

Durchaus lohnenswert ist ein Streifzug durch den jederzeit frei zugänglichen stillen Inselpark, dessen alte Ummauerung mittels kunstvoll eingehauener Öffnungen unterschiedliche Blickachsen auf die Lagune erlaubt. So erkennt man gegenüber in westlicher Richtung die dicht bebaute, öffentlich nicht angebundene Isola S. Clemente, in deren Klosteranlage von Mitte des 19. Jahrhunderts bis 1922 die Nervenheilanstalt für Frauen betrieben wurde. Heute nächtigen in dem historischen Komplex die illustren Gäste des Fünf-Sterne-Luxushotels S. Clemente Palace Venice.

Blick von S. Servolo zur ehemaligen Frauenpsychiatrie auf der Isola di S. Clemente

Nach dem Besuch dieser kleinen, aber feinen Insel können wir leider nicht direkt zum Lido weiterfahren, sondern müssen auf demselben Weg wieder zurück nach Venedig (nahe dem Anleger S. Servolo im linken Trakt des Hauptgebäudes befindet sich eine öffentlich nicht ausgewiesene, aber frei zugängliche Toilette). Am Ufer laufen wir ein kurzes Stück nach links in Richtung Dogenpalast zur *Anlegestelle S. Zaccaria F* vor dem *Hotel Danieli.*

Wir empfehlen hier die Linie 5.1 in Richtung Lido zu nehmen (möglich wäre auch die Linie 1 in Richtung Lido), die uns in einer Viertelstunde zum „Strand Venedigs" befördert.

An der langegezogenen Landungsbrücke angekommen gehen wir über die Straße zu der **Haltestelle OL02** gegenüber dem Anleger B, wo die ihrem Nonnenorden entflohene Maria Testa von einem Bus angefahren und lebensgefährlich verletzt wird.

Vom linken hinteren Ende des kleinen Platzes bei der Bushaltestelle weist uns neben der *Pasticceria* ein Schild den Weg durch eine winzige Fußgängerzone. Sie führt direkt zu dem monumentalen Kriegerdenkmal, vor dem wir uns scharf nach rechts in die *Via Corfù* wenden.

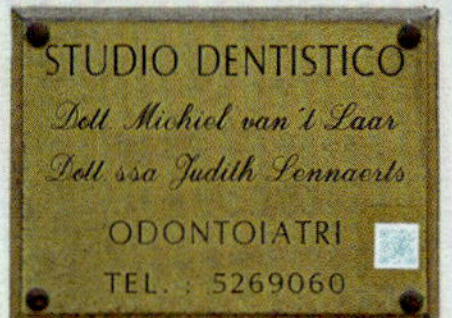

Von Zahnschmerzen Geplagte können sich bei Hausnummer *8* getrost in **Brunettis Zahnarztpraxis OL03** begeben. Der Commissario vertraut der Heilkunst des niederländischen Ärzte-Ehepaars mehr als dessen einheimischen Kollegen.

Weiter durch die *Via Corfù* stoßen wir schnell auf den breiten Boulevard *Gran Viale S. Maria Elisabetta*. Nach links schlendern wir ein paar Minuten die von unzähligen Läden, Cafés und schattenspendenden Bäumen gesäumte Flaniermeile des Lido entlang. Auf der rechten Straßenseite gefällt der außergewöhnliche Jugendstilpalazzo des *Ausonia Palace Hotels* (s. S. 50).

OL05
OL06
OL04
OL03
OL02
OL07
Gran viale Santa Maria Elisabetta
Riviera Santa Maria Elisabetta
Via Doge Michiel
Via Enrico Dandolo
Via Dardanelli
Via Sandro Gallo
Via Lepanto
Via Lazzaro Mocenigo
Via Spalato
Via Negroponte
Via Paolo Erizzo
Via Cipro
Via Antonio Loredan
Via Jacopo de Barbari
Via P Zeno
Via Carlo Zeno
Via Parenzo
Via Fra Mauro
Via Rovigno
Via Nicosia
Via Orso Partecipazio
Villa Laguna
Hotel Belvedere
Hotel Riviera
Hotel Helvetia
Rizzo
Lungomare Guglielmo Marconi

AUSONIA PALACE HOTEL
DE ALBERGO AUSONIA NGARIA

Nach einem großzügig angelegten Gartenrestaurant erreichen wir an einem Zebrastreifen die *Via Zara*, in die wir links einbiegen, um gleich wieder rechts vor dem *Hotel Villa Cipro* in die leicht gewundene *Via Cipro* einzuschwenken.

Hinter der Linkskurve finden wir bei Hausnummer 13 die Pension **La Pergola 🕮 OL04**. In dem gelben Haus mit den grünen Fensterläden sucht Maria Testa - vormals Schwester Immaculata - Unterschlupf, nachdem sie ihrem Orden den Rücken gekehrt hat.

An der Pension vorbei folgen wir der Straße weitere 100 Meter, begleitet von einem Kanal, der für einen kurzen Moment freie Sicht auf die Serenissima gewährt. Die rechts abzweigende *Via C. Zeno* leitet uns geradewegs in einen öffentlichen Park mit einem Kinderspielplatz, der am Eingang rechts in dem gelben Gebäude Venedigs kleines Planetarium beherbergt. Wir bleiben auf dem Hauptweg, bis wir die Grünanlage durch den meerseitigen Ausgang wieder verlassen. Nach Überqueren der Straße spazieren wir rechts ein kurzes Stück unter Kiefern und Birken am Lungomare entlang, um noch vor der Verkehrsinsel bei dem öffentlichen Strandbad links zum Meer zu laufen. Jetzt ist die beste Gelegenheit, am kilometerlangen Sandstrand ein erfrischendes Bad zu nehmen.

Der Haupteingang zum Strandbad

Sommer- und Winterfrische

Während die nördliche Landzunge ab Punta Sabbioni als „Teutonengrill" herhält und Pellestrinas Küste im Süden weitgehend vom Badebetrieb unberührt geblieben ist, haben die Venezianer ihren Hausstrand auf dem Lido eingerichtet. Nur zehn Minuten Überfahrt und ein kurzer Spaziergang durch den hübschen Jugendstil-Boulevard Gran Viale S. Maria Elisabetta trennt die Serenissima von feinstem Sandstrand am offenen Meer. Als Pendant zu den Strandkörben an Nord- und Ostsee stehen hier lange Reihen mit den sehr begehrten Badehäuschen, die zumeist die gesamte Saison über fest vermietet sind.

Am Neujahrsvormittag findet ein besonderes Spektakel statt: Die "Ibernisti" stürzen sich vor viel Publikum in die kalten Wogen. Anschließend gibt's zum Aufwärmen leckere Linsensuppe mit Würstcheneinlage für alle.

Wandert man am Wasser nach links, ist in der Ferne hinter den Bäumen am Strand ein einsam in die Landschaft ragender Betonriegel zu sehen.

Es handelt sich dabei um das ehemalige **Ospedale al Mare 🕮 OL05**, in das Maria Testa mit schweren Kopfverletzungen eingeliefert wird, um aufgrund eines Personalstreiks gleich weiter ins Ospedale Civile nach Venedig verlegt zu werden.

Inmitten des zwischenzeitlich komplett zugewucherten Klinikgeländes wurde in zwei Verfilmungen das **pathologische Institut 🎬 OL06** angesiedelt. Signora Trevisan muss hier nach dem Mord an ihrem Mann auch noch ihren sizilianischen Liebhaber Avoccato Martucci identifizieren. Dottor Aurino hingegen verblüfft den Commissario mit dem Obduktionsergebnis des jungen Adeligen Lorenzoni, das eindeutig auf eine radioaktive Verstrahlung hinweist.

Spazieren wir in die entgegengesetzte Richtung, zeigt sich links hinter der Badeanstalt das leider dem Verfall preisgegebene *Grand Hotel des Bains*, in dem Luchino Visconti einige Szenen von Thomas Manns „Tod in Venedig" gedreht hat.

In einiger Entfernung erstreckt sich im Anschluss an den nüchternen Kinopalast aus der Mussolini-Ära das in maurischem Stil errichtete *Grand Hotel Excelsior*. In der Fünf-Sterne-Luxusherberge oder dem nicht minder exklusiven Hotel Cipriani auf der Giudecca steigt die Hautevolée des jährlich stattfindenden Filmfestivals ab.

Bei den hinter dem Excelsior sichtbaren Wohnblöcken liegt (nur im Film „Feine Freunde"!) die Diskothek Luxor, in der Pattas Sohn seine Drogengeschäfte abwickelt. Noch weiter im Süden erkennen wir bei gutem Wetter die Fischerinsel Pellestrina, der wir auf unserer südlichen Lagunentour einen Besuch abstatten.

Ein exklusives Strandbad mit dem Grand Hotel des Bains im Hintergrund

Wir verlassen den Strand durch das öffentliche Bad und gelangen vom Hauptausgang hinter der angerosteten Aussichtsplattform direkt zum Kreisverkehr. Links vom Ring überqueren wir die Straße, betreten geradeaus erneut die *Gran Viale S. Maria Elisabetta* und bleiben auf der linken Straßenseite. Den großzügigen, mit Bäumen und Palmen von der Straße abgegrenzten Gehweg laufen wir bis zur V*ia Dardanelli*, wo ein Schild nach rechts auf unseren bereits aufgesuchten Schauplatz Pension La Pergola hinweist. Hier biegen wir links ein und wenden uns zwei Straßen weiter nach rechts in die *Via E. Dandolo*.

Eine der vielen Villen in der Via E. Dandolo

Am ehemaligen Fischmarkt

Unter Platanen schlendern wir durch die ruhige, von schmucken Villen in gepflegten Gärten geprägte Wohnstraße zur querenden *Via Lepanto*. Am Kanal gegenüber befindet sich die ehemalige *Fischmarkthalle*, hinter der weiterhin ein kleiner Laden vormittags frischen Fisch verkauft.

Wir biegen links in die *Via Lepanto* und laufen, rechts begleitet vom Kanal, entlang pittoresker Gebäude mit kreativer Architektur. Nach einem schrillen Art-Deco-Hotel gefolgt von einer kleinen Ladenzeile erreichen wir einen von steinernen Löwen bewachten, mit weißen Balkönchen verzierten roten Palazzo.

Darin lädt die **Trattoria Andri** 🕮 **OL07** zum Ausklang der sich dem Ende neigenden Exkursion ein. Um den venezianischen Touristenmassen zu entkommen, wählen Vianello und Brunetti die Trattoria auf dem Lido, welche von einem Schulfreund Vianellos geführt wird. Im hauptsächlich von Einheimischen frequentierten Lokal genießen die beiden außer süffigem Wein den prompten Service, garniert mit rohen Artischocken, exquisitem Krabbenensalat und Fischsuppe.

Nach wohlverdienter Stärkung gehen wir den gleichen Weg zurück zur Kreuzung am ehemaligen Fischmarkt und weiter geradeaus durch die gemütliche kleine Fußgängerzone zur altbekannten *Gran Viale S. Maria Elisabetta,* in die wir links einbiegen. Wenige Minuten später sind wir am *Anleger Lido* und damit am Ende der Tour angekommen.

Die meisten Vaporetto-Linien bringen uns wieder zurück nach Venedig. Die Linie 1 fährt vom Anleger D nach S. Marco und weiter durch den Canal Grande zum Bahnhof (Ferrovia). Die Linie 5.1 fährt vom Anleger A nördlich über die Fondamente Nove zum Bahnhof. Die Linie 5.2 fährt vom Anleger B entlang der Südseite nach S. Marco und weiter über die Zattere zum Bahnhof.

Die Trattoria Andri

Tour 3: Südliche Lagune

⏲	6 Stunden. Ohne den Ausflug nach Caroman verkürzt sich die Tour um circa 1½ Stunden.
🏃	Anleger S. Zaccaria B, Riva degli Schiavoni
	Anlegestelle Lido
Mögliche Alternative	Für „Sattelfeste" bietet sich die Tour auch mit dem Fahrrad auf dem ausgewiesenen Radweg an. Mehrere Fahrradverleihe befinden sich in der Nähe des Anlegers und an der Gran Viale S. Maria Elisabetta, zum Beispiel LidoOnBike in der Gran Viale S. Maria Elisabetta 21b, www.lidoonbike.it.

Die abwechslungsreiche Exkursion durch die südliche Lagune bringt uns mit dem Vaporetto, dem Bus und der Fähre in ländliche Gefilde bis hinein in das Naturschutzgebiet Caroman am Südzipfel der idyllischen Fischerinsel Pellestrina.

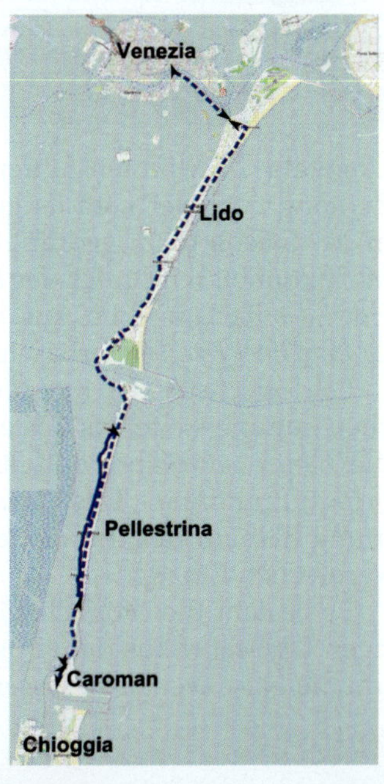

Wir starten unseren Ausflug an der *Anlegestelle S. Zaccaria am Anleger F*, wo wir entweder mit der Linie 5.1 oder 1 in Richtung Lido (Vorsicht, nicht in Richtung Rialto!) zum Lido übersetzen.

An der Bushaltestelle direkt am Anleger steigen wir in die Linie 11, die circa alle 30 Minuten nach Pellestrina aufbricht.

Ungefähr 20 Minuten fahren wir nun den Lido entlang, eine Zeitlang begleitet vom langgezogenen Sandstrand mit seinen in der Saison dicht gedrängten Badeanstalten. Kurz nach Abfahrt können wir hinter der Biegung einen Blick auf das *Grand Hotel des Bains* und im Anschluss auf den *Filmpalast* sowie das *Grand Hotel Excelsior* erhaschen (s. S. 54 und S. 62/63).

Bald wechselt der Bus vom offenen Meer zur aussichtsreichen Lagunenseite, bis uns am südlichen Ende des Lido schon die kleine Autofähre empfängt, die uns zur Insel Pellestrina bringt. Im Roman „Das Gesetz der Lagune" und dessen Verfilmung hält auf der traditionellen Fischerinsel das mörderische Verbrechen Einzug.

Es besteht die Möglichkeit, während der knapp zehnminütigen Überfahrt aus dem Bus auszusteigen und sich den Wind um die Nase wehen zu lassen oder die Toilette aufzusuchen.

Sobald die Fähre unseren Bus aufgenommen hat, verlässt sie den Lido.

Nach einer weiteren Viertelstunde auf Pellestrina, stets zwischen den Murazzi (dem massiven Schutzwall) am offenen Meer und den lagunenseitigen Dörfchen hindurch, erreichen wir die Endhaltestelle am Friedhof, *Pellestrina Cimitero*. Dort werden wir vom Vaporetto der Linie 11 nach Chioggia erwartet, mit dem wir den Ausflug in das nur eine Station entfernte und durch die Murazzi mit Pellestrina verbundene Naturschutzgebiet *Caroman* unternehmen können.

RESTAURANT

Hotel Excelsior

Bitte geben Sie beim Betreten des Bootes dem Personal Bescheid, dass sie in Caroman aussteigen wollen, da es im Normalfall nur als **Bedarfshaltestelle** bedient wird. Wollen Sie von dort wieder mit dem Vaporetto zurück fahren, drücken Sie einfach am Anleger den Knopf mit Pfeil nach rechts in Richtung Pellestrina und aktivieren somit ein Signallicht.

Naturfreunden bietet sich die Möglichkeit, auf der ehemaligen Festungsinsel Caroman den Waldpfad fünfzehn Minuten geradeaus zur linkerhand in einer hügeligen

Wiesenlandschaft eingebetteten **Bunkeranlage Caroman** 🕮 🎬 **SL01** zu wandern. Dort können Sie die Erleichterung von Signorina Elettra nachempfinden, die vom Commissario aus den Fängen ihres Beinahe-Mörders befreit wird.

Lässt man die Bunker links liegen und läuft den Weg bis zum Ende der Insel, liegt das nette Städtchen Chioggia zum Greifen nahe. Zudem sind Teile des umstrittenen „Mose-Projektes“ zu bestaunen, dessen gewaltiges Schottensystem Venedig in Zu-

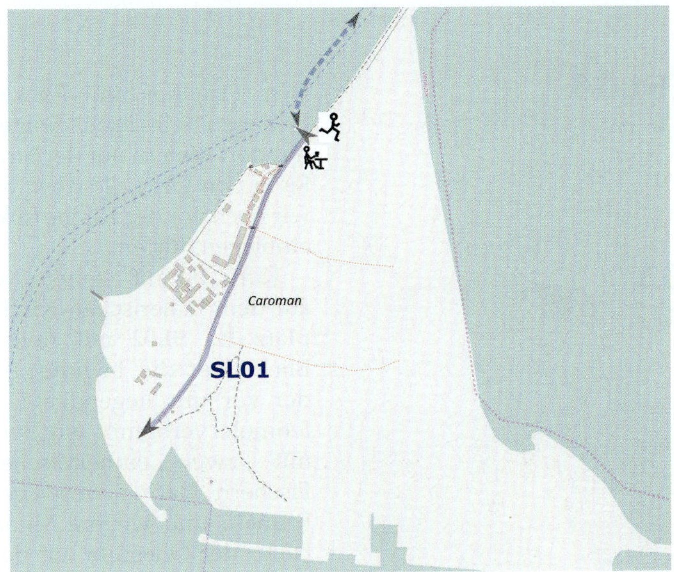

kunft vor dem lästigen Hochwasser bewahren soll. Wer jetzt noch die Landgewinnung der einst sehr schmalen Insel Caroman nachvollziehen möchte, kann auf dem Rückweg in wenigen Minuten auf einem gekennzeichneten Stichweg durch die Dünen zum naturbelassenen Sandstrand am offenen Meer spazieren und dabei anhand der Markierungen die Landgewinnung seit 1911 verfolgen.

Zurück nach Pellestrina geht es entweder mit dem Schiff oder per pedes die Murazzi entlang zu unserem zweieinhalb Kilometer entfernten Ausgangspunkt an der Haltestelle *Pellestrina Cimitero*.

Den Friedhof im Rücken gelangen wir nach einigen hundert Metern auf der Straße in den Ort *Pellestrina*, bis wir noch vor der Kirche links einbiegen dürfen.

Kurz darauf stehen wir auf dem malerischen **Kirchplatz** 🕮 **SL02** mit freiem Blick über die Lagune. An der vor uns liegenden Hafenmole verbrennt ein Boot mit zwei einheimischen Fischern darin, weswegen Brunetti und weitere Mitarbeiter der Questura auf den Plan und die Insel gerufen werden.

Diagonal rechts befindet sich in dem roten Haus die **Bar Da Niky** 🕮 **SL03**, aus der die beiden Turteltäubchen Signorina Elettra und ihr fescher Ragazzo Tar-

Der Kirchplatz von Pellestrina mit der Bar neben dem roten Haus links im Bild

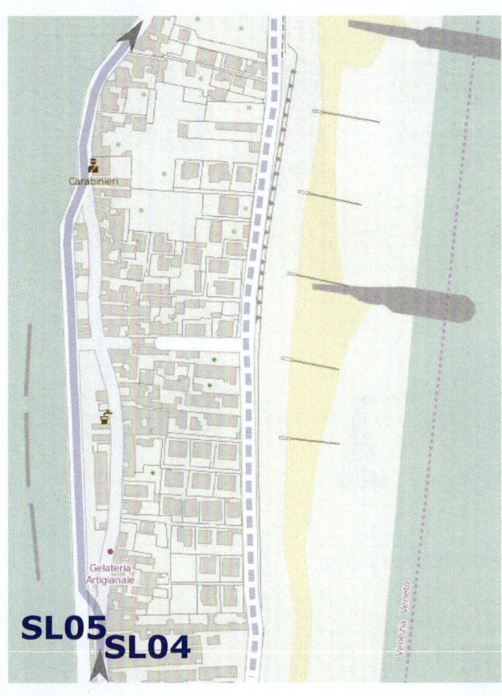

ghetta den Platz betreten. Der ahnungslose Commissario, welcher just zur selben Zeit die sonntäglichen Kirchgänger observieren will, nimmt entsprechend verdrießlich das junge Glück seiner attraktiven Sekretärin zur Kenntnis.

Rechts an der Bar vorbei laufen wir parallel zu der durch lockere Bebauung getrennten Uferstraße zwischen den Häusern und einem auffallend gelben Durchgang (s. umseitig) hindurch bis zum rot angestrichenen **Ristorante Ai Pescatori**

🕮 **SL04**. In dem Lokal versucht Brunetti mit spärlichem Erfolg, den anwesenden Kellnern und Fischern Informationen über die Toten zu entlocken.

Hinter dem gelben Durchgang verführt das Ristorante Ai Pescatori zu einem leckeren Mittagessen.

Der Laden von Signora Follini

Ein paar Schritte weiter lichtet sich die Häuserreihe, deren Abschluss das graue, hingewürfelte **Kramlädchen 🕮 SL05** bildet. Die Inhaberin, Signora Follini, gibt dem Commissario bereitwillig Auskunft, wofür sie tragischerweise mit ihrem Leben bezahlen muss.

Hinter dem Laden vorbei spazieren wir die gut ausgebaute Uferpromenade entlang und können mit etwas Glück den Fischern bei der Arbeit auf ihren bunten Booten zusehen.

Neben den üblichen Fischkuttern liegen hier auch Boote mit Rechengeräten zum Muschelfischen vor Anker. An der Strecke sehen wir außerdem etliche im Wasser aufgereihte, kurios anmutende Pfahlhüttchen der Fischer.

Pfahlhütte vor der Uferpromenade

Weiter Blick vom Ristorante Da Celeste

Carrizzada n. 36 "detta s.antonio"

P

P

P
10
Banco San Marco

P

P

San Vito e Modesto

Cassa di Risparmio di Venezia

Veneto

Veneto

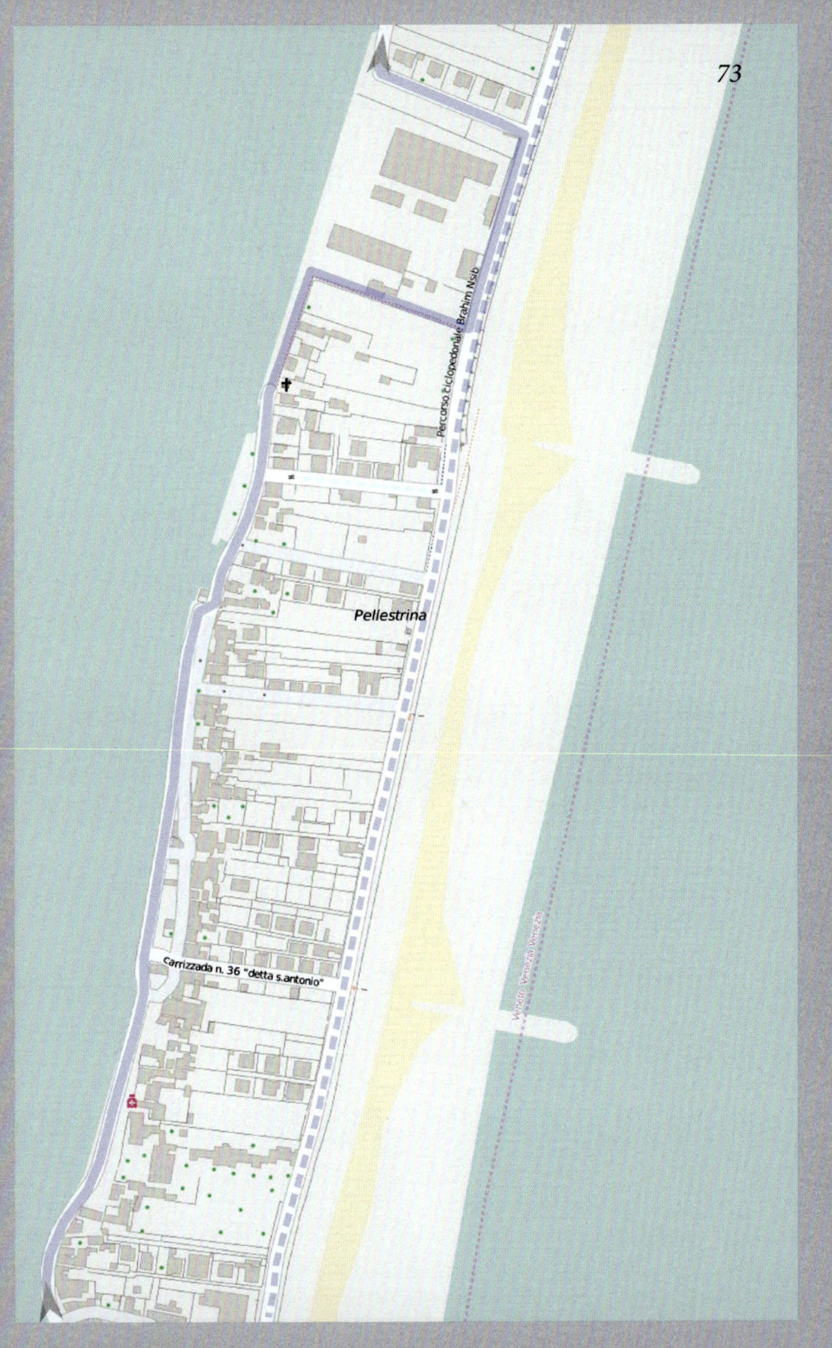

Percorso ciclopedonale Brahim Nsib
Pellestrina
Carrizzada n. 36 "detta s.antonio"
Veneto Venezia Venezia

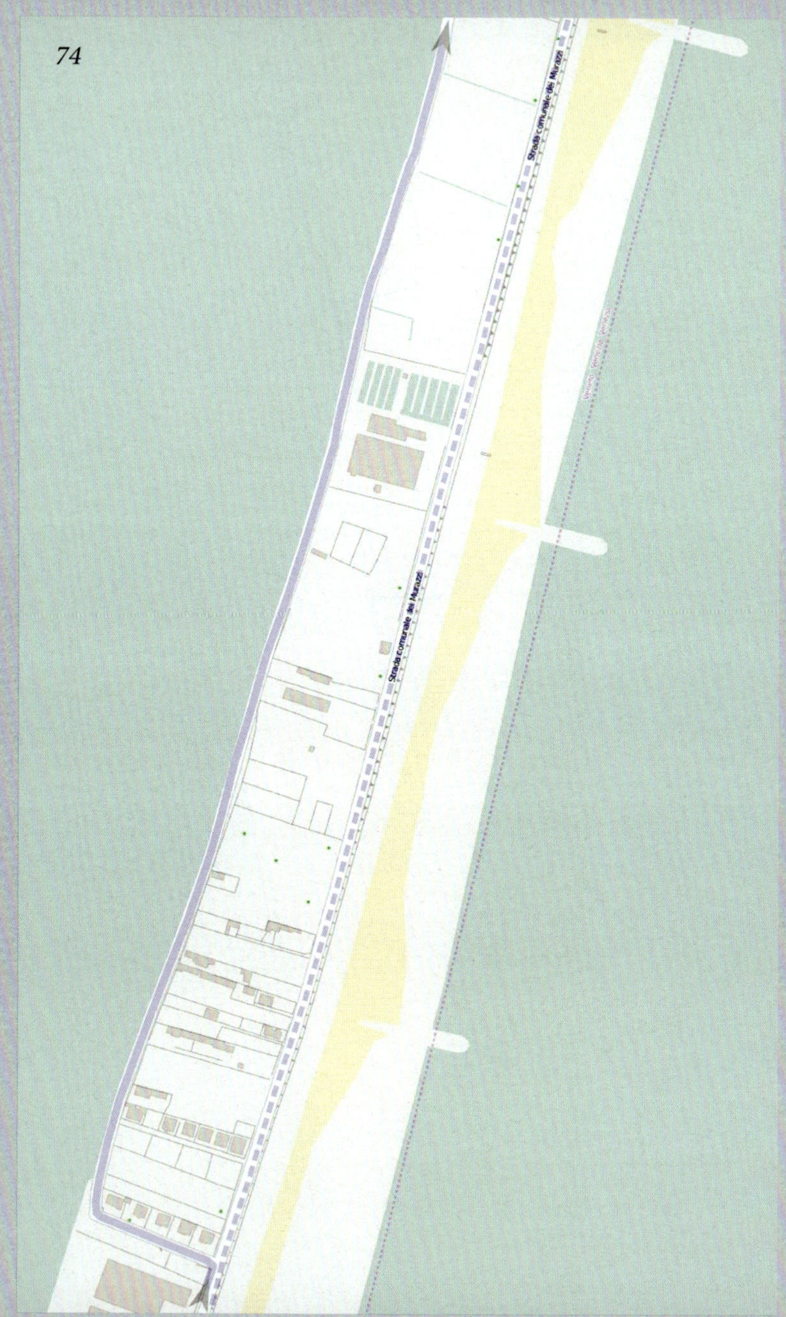
Strada comunale dei Murazzi
Strada comunale dei Murazzi

Strada del Cimitero
Ristorante da Memo
Strada della laguna
Portosecco
Carrizada n.16 Portesecco
Strada comunale dei Murazzi
Chiesa parrocchiale di Santo Stefano
Forte Santo Stefano
Strada comunale dei Murazzi
dei Murazzi

Nach einer sanften Biegung am *Ristorante Da Celeste* bietet sich ein weiter Ausblick, so dass wir den weiteren Verlauf unseres Uferweges fast bis nach S. Pietro in Volta ausmachen können.

Vorbei an einer tempelartigen Kirche, einer knallig roten Ostaria und einem gemauerten Wasserturm beginnt nach dem Sportplatz bei Haus Nummer *799* der Ortsteil *Scarpa*.

Die nächste Viertelstunde verläuft unsere Tour weiter entlang der Uferlinie. Lediglich bei der *Casa Ada* mit der Hausnummer *1153* weichen wir dem im Weg stehenden Gebäude aus. Im Anschluss begleiten uns eine kleine Bootswerft und ein Parkstreifen mit Ruhebänken zu der hübschen Marienkapelle am rechten Wegrand.

Kurz danach stehen wir an der Mauer, die eine große *Schiffswerft* begrenzt und uns nach rechts, weg von der Lagune, zwingt.

Die Gasse verjüngt sich zu einem schmalen, aber immer noch asphaltierten Pfad, der auf beiden Seiten von Hecken begrenzt auf die Hauptstraße und den Damm führt. Wir laufen links knapp 200 Meter neben der Werft entlang der Straße, bis es uns erlaubt ist, erneut nach links auf einem Kiessträßchen zur Lagune zurückzukehren.

Bald wird unsere Flaniermeile für ein Weilchen durch einen Feldweg ersetzt. Auch die bunten Fischerboote sind verschwunden, und die malerischen Häuschen sind Brachland, freiem Feld und Depots für Fischereiutensilien gewichen. Von Weitem leuchtet eine weiße Kirche scheinbar am Ende der Insel, die zum Teil weniger als hundert Meter schmal ist, so dass auch der meerseitige Schutzwall ins Blickfeld rückt. Bei guter Sicht tauchen auf der anderen Seite der Lagune links vor uns die Schlote der Industriestadt Marghera auf, bei entsprechendem Wetter umrahmt von Bergen.

An der Muschelfabrik

Nach guten zwanzig Minuten auf dem Feldweg passieren wir eine Muschelfabrik, bevor uns kurze Zeit später beim Stadion die Zivilisation wieder aufnimmt und wir auf Asphalt treten.

Eine neue Promenade hat den Feldweg abgelöst, und die schon seit einiger Zeit sichtbare Kirche präsentiert sich als die *Chiesa di S. Stefano,* pittoresk eingebettet in die umliegenden Wohnhäuschen.

Im Weitergehen erfreuen wir uns erneut an Fischerbooten und der dörflichen Idylle. Erst nach einem großen Parkplatz werden wir nochmals kurz von der Lagune entführt und beim *Ristorante Da Memo,* Nummer *157,* um einen Gebäudekomplex herum geleitet. Rechts sticht uns eine gepflegte Villa ins Auge, die einem gewissen Vianello zu gehören scheint.

Die Straße führt uns zurück zum Wasser. Die Promenade entwickelt sich zusehends zu einem Hafen, vor dem sich in der ehemaligen Scuola Goldoni, Nummer *160*, das *Piccolo Museo della Laguna Sud*, das kleine, ambitionierte Museum (s. S. 79) der südlichen Lagune eingerichtet hat. Nun sind es nur noch etwa hundert Meter bis zur lohnenswerten **Bar Al Gatto Rosso** 📖 🎬 **SL06**. Signorina Elettra gönnt sich nach ihrem Strandspaziergang in der ehemaligen Bar „Da Anna“ eine Tasse Kaffee und Mineralwasser, erfährt aber bezüglich der Morde, dem eigentlichen Grund ihres Aufenthalts auf der Insel, nichts Neues.

Das gleiche Schicksal ereilt Brunetti und Vianello, die zudem noch ziemlich unfreundlich abgefertigt werden. Auch der als Spitzel eingesetzte „Kellner“ Alvise eignet sich nicht als Informationsquelle. Da muss schon ein schwerhöriger Fischer kommen, um die Polizisten auf die richtige Fährte zu bringen.

La Grande Paura - die große Angst von 1966

Am 4. November 1966 brach eine Jahrhundertflut über Italien herein, die hauptsächlich Florenz, Venedig und hier besonders die Laguneninseln betraf.

Die zwanzig Meter hohen Wellen durchbrachen auf Pellestrina Teile der Jahrhunderte alten Murazzi, den Schutzwall am offenen Meer, und rissen halbe Dörfer mit sich. Die Insel war von der Außenwelt abgeschnitten, der Strom ausgefallen und die Telefonleitungen unterbrochen. Das Wasser stand bis zu eineinhalb Meter hoch in den Straßen, so dass ca. viertausend Einwohner evakuiert werden mussten, die sich nicht zuvor schon mit ihren Booten aufs Festland gerettet hatten.

Neben vielen Ausstellungen und Gedenkveranstaltungen wurde aus Anlass des 50. Jahrestages im Auftrag des venezianischen Teatro La Fenice die Oper Acqua Granda komponiert und zur Aufführung gebracht. Sie erzählt von den fiktiven Erlebnissen des 25-jährigen Fischers Ernesto Ballarin auf Pellestrina, der gemeinsam mit seinem Vater den Fluten trotzt und ihr Haus rettet, statt sich evakuieren zu lassen. In Wirklichkeit musste Ballarin wie alle anderen Einwohner sein Haus und die Insel verlassen.

Ein kleines, im Jahre 2007 eröffnetes Museum in der ehemaligen Scuola Goldoni in S. Pietro in Volta Nr. 160 berichtet über diese dramatischen Stunden und lässt in einem 1996 gedrehten Video Zeitzeugen zu Wort kommen.

Die Murazzi bei Pellestrina Ort

Momentan ist das von einem Einwohnerkomitee geführte Museum nur von April bis November an Samstagen und Sonntagen von 10-12 Uhr geöffnet. Weitere Informationen gibt es vorwiegend in italienischer Sprache unter: http://www.museopellestrina.it.

Latte Macchiato, Panini und ein weiter Blick auf die stille Lagune - am Gatto Rosso ist die Hektik der Welt vergessen.

Nach der wohlverdienten Stärkung spazieren wir einige Meter zum Hafen von **S. Pietro in Volta SL07**. Hier brennt in der Verfilmung das Fischerboot aus, zwei Leichen werden zu aller Leute Entsetzen geborgen, und Brunetti versucht vergeblich, die störrischen Insulaner zum Reden zu bringen.

Er probiert sein Glück unter anderem in der **Metzgerei** und im kleinen **Lebensmittelladen SL08**, Hausnummer *292*, am Dorfplatz. Im Gegensatz zur gesprächsbereiten Krämerin zeigt sich der Metzger erwartungsgemäß verschlossen, was ihm wohl sein Leben rettet.

Gemeinsam mit Vianello zieht der Commissario weiter von Tür zu Tür, um sich die Bewohner des Hafenviertels separat vorzuknöpfen. Doch sie werden erst gar nicht eingelassen oder mit törichtem Gewäsch abgespeist.

Neben dem Hafen befindet sich ein winziger, aber netter, kiefernbestandener Park vor dem **Kirchplatz SL09**, in dem wir den Ausflug noch Revue passieren lassen können, bevor wir die Rückreise zum Lido antreten. Die undercover ermittelnde Signorina Elettra mischt sich hier mit ihrer gefährlichen Liebschaft Carlo Targhetta unter die sonntäglichen Kirchgänger.

Um zur Haltestelle zu gelangen, nehmen wir das zweite Gässchen rechts der Kirche bei Haus Nummer *311* und laufen zwischen zwei roten Häusern mit einer Blumenrabatte hindurch.

Der kleine Park vor der Kirche

Die hofartige Gasse führt uns beim Haus mit der Nummer *312A* rechts versetzt weiter zur Hauptstraße *Via C. dei Murazzi*. Wir halten uns rechts, bis wir vor dem Transformatorenhäuschen über die Straße zur dammseitigen Haltestelle *Via C. dei Murazzi* gelangen.

Während der Wartezeit auf den meist alle dreißig Minuten verkehrenden Bus kann man den Damm hochklettern und am Strand einen Blick auf die **Buhne 🎬 SL10** werfen, an der sich Elettra und Targhetta ein romantisches Stelldichein geben. Eine längere Strandwanderung, wie ihn die Signorina unternommen hat, können wir nur eingeschränkt empfehlen, da einige Abschnitte ziemlich vermüllt sind.

Zum Anleger Lido geht es wieder mit der Linie 11 mittels Bus und Fähre auf dem gleichen Weg, den wir gekommen sind. Von dort gelangen wir mit fast allen Vaporetto-Linien zurück nach Venedig. Die Linie 1 fährt vom Anleger D nach S. Marco und weiter durch den Canal Grande zum Bahnhof (Ferrovia). Die Linie 5.1 fährt vom Anleger A nördlich über die Fondamente Nove zum Bahnhof. Die Linie 5.2 fährt vom Anleger B entlang der Südseite nach S. Marco und weiter über die Zattere zum Bahnhof.

Tour 4: Stille Lagune

	2 Stunden, mit Erweiterung 3 ½ Stunden
	Fondamenta Nove, Anleger D
	Anlegestelle Capannone auf S. Erasmo
Mögliche Erweiterung	Wer nach dem Besuch der Strandbar nicht den gleichen Weg zurückgehen möchte, kann in eineinhalb Stunden noch die idyllische Fahrradstrecke Brunettis bis zum Anleger Punta Vela erkunden. Von dort geht es mit der Linie 13 zum Anlager Capannone, wo man in ein größeres Boot der gleichen Linie umsteigen muss, das im direkten Anschluss zurück nach Venedig schippert.

S. Erasmo, die Gemüseinsel Venedigs, auf der unser stressgeplagter Commissario eine zweiwöchige Auszeit nimmt, ist vom Tourimus noch weitgehend verschont geblieben und vor allem berühmt für ihre jungen Artischocken. Unser Spaziergang führt entlang der Felder, verträumter Kanäle und einsamer Landhäuser zu dem an heißen Wochenenden recht quirligen Einheimischen-Strand mit Biergarten.

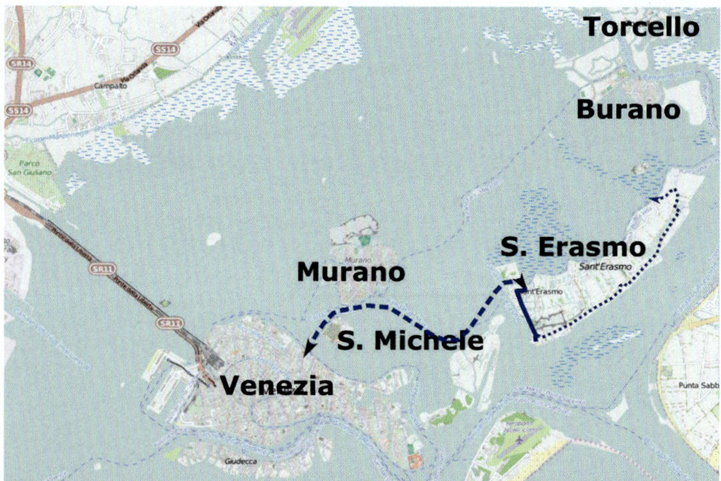

Lazzertto
Nuovo
Capannone
STL01
P

Il Lato Azzurro
Torre Massimiliana
Bar Tedeschi
STL02

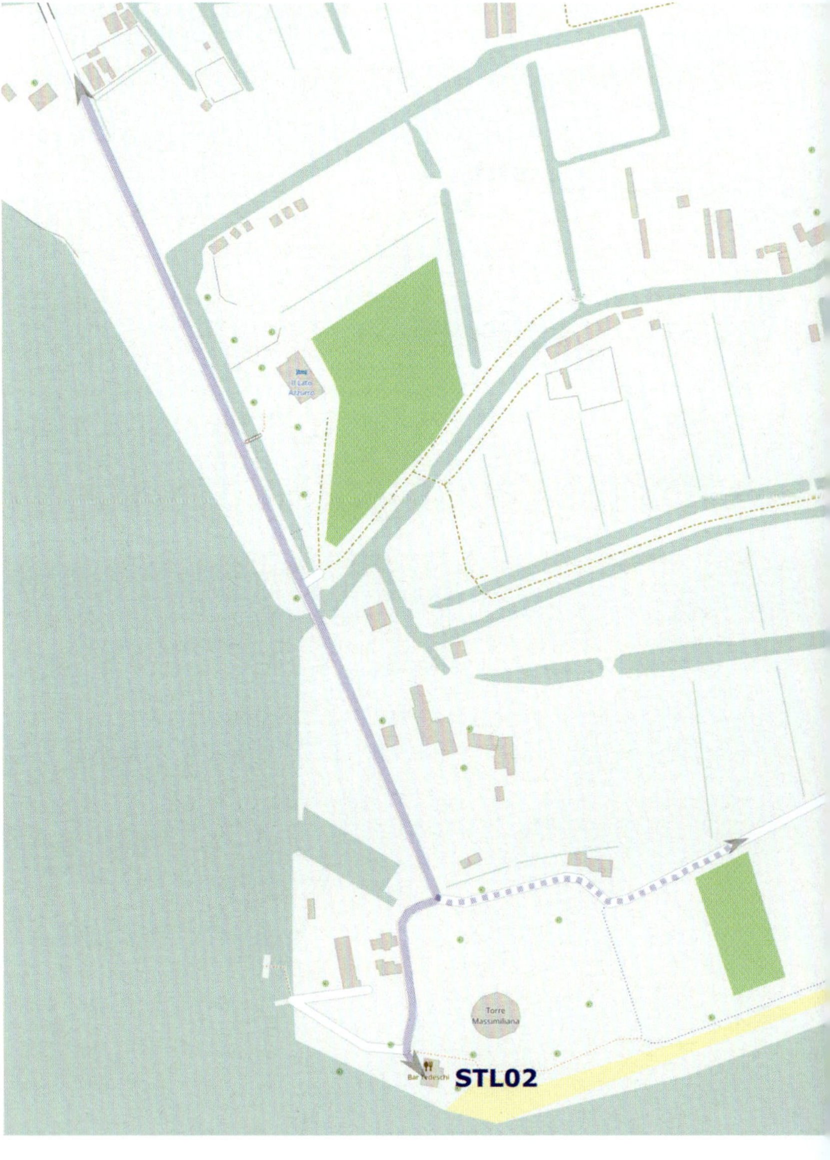

Wir starten unseren Ausflug an der Anlegestelle *Fondamente Nove* am *Anleger D*, von der wir mit der mindestens stündlich verkehrenden Linie 13 in 30 Minuten nach S. Erasmo übersetzen und dort am ersten Anleger, Capannone, aussteigen.

Mit Erreichen der **Anlegestelle Capannone 🕮 STL01** beginnt das Inselabenteuer des eingefleischten Städters Guido Brunetti. Auf dem Vaporetto begeistert er bereits ein kleines Mädchen mit lustigen Grimassen, das sich zur seiner freudigen Überraschung als Enkelin einer mittlerweile auf S. Erasmo lebenden Schulfreundin herausstellt. Davide Casati, der Verwalter des Anwesens von Paolas Familie, in dem Brunetti die nächste Zeit verbringen wird, empfängt die kleine Gruppe und führt den Erholungssuchenden zu seinem selbstgebauten Puparìn. Mit diesem traditionell-venezianischen Stehruderboot staken die beiden gesetzen Herren um die Insel zu Brunettis temporärem Landdomizil.

Angekommen auf S. Erasmo umfängt uns eine ungewohnte wohltuende Stille, und wir empfehlen, erstmal am Anleger die schmucke kleine Promenade zwischen Ufer und Park zu der Ausichtsbank zu schlendern. Uns gegenüber liegt die ehemalige Quarantäne-Insel Lazaretto Novo, die im Rahmen einer geführten Tour besichtigt werden kann. Ganz links davon sehen wir Murano, rechts hinter Lazaretto Novo erkennen wir den charakteristischen Kirchturm von Burano und daneben die von einer Handvoll Franziskanermönchen bewohnte und liebevoll gehegte Isola S. Francesco del Deserto mit ihrem dichten Zypressenhain.

Aussichtsbank an der idyllischen Uferpromenade beim Anleger Campannone

Blick von der Strada vicinale dei Forti

Nach erfolgter Akklimatisierung gehen wir, den Anleger mit dem kleinen Parkplatz hinter uns lassend und durch einen Kanal vom Park getrennt landeinwärts zur winzigen Hauptstraße *Via de le Motte*, in die wir rechts einbiegen. Hier sehen wir bereits handgemalte Werbung für unser Tourziel - das Al Bacan –, linkerhand erstrecken sich weite Felder. Nach 100 Metern verwandelt sich das Sträßchen in einer Linkskurve in die *Strada vicinale dei Forti*.

Auf dieser geht es die nächsten 15 Minuten schnurgerade durch ein von Artischockenfeldern, Wasserläufen und kleinen Weihern durchzogenes, dünn besiedeltes Wohngebiet. Schon bald rückt lagunenseitig eine große Wiese mit zwei einzelstehenden Zypressen in unser Blickfeld. Bei guten Sichtverhältnissen breitet sich vor unseren Augen Venedigs ganze Pracht aus: angefangen von links mit den Kränen des Arsenale, über den schlanken Kirchturm der Isola S. Giorgio, die markante Kuppel der Chiesa Madona de la Salute, den kupfergrün bedachten Campanile von S. Marco, den bauähnlichen aber schmaleren Turm der Chiesa S. Francesco de la Vigna, die Friedhofsinsel S. Michele mit der Chiesa Madona de l'Orto dahinter und schließlich rechts die Glasbläserinsel Murano.

Im Hintergrund: Murano

Weiter geradeaus passieren wir schöne Landhäuser mit auffälligen Kaminen und ausladenden Obst- und Gemüsegärten.

Kurz bevor das Sträßchen nach links biegt, überqueren wir einen Kanal und gelangen an einen kleinen pittoresken Bootshafen. Wir verlassen unsere Straße und nehmen den unbefestigten Weg nach rechts und gleich wieder links, vorbei am gedrungenen österreichischen Geschützturm Torre Massimiliana, in dem manchmal Kunstausstellungen zu sehen sind.

Am Torre Massimiliana

Über eine hölzerne Plattform erreichen wir das baumbestandene **Ristorante, Pizzeria und Bar Al Bacan** 🕮 **STL02** oberhalb des kleinen Sandstrands. Von Davide Casati aufgrund des fangfrischen Fisches und des heimischen Inselgemüses empfohlen radelt Brunetti eines Abends ins Al Bacan, um Lachsforelle mit Butter und Mandeln zu kosten. Die Bar besucht er auch mal am Nachmittag auf einen Caffè und vertieft sich im ausliegenden Lokalblatt Il Gazzettino in den neuesten Klatsch und Tratsch aus Venedig. Nach Casatis Verschwinden unterhält er sich dort mit drei Einheimischen, die der festen Überzeugung sind, dass ihr vermisster Freund bald unversehrt wieder auftauchen wird …

Das Al Bacan mit Strandanschluss

Nach einer zünftigen Einkehr mit weitem Lagunenblick und einheimischem Strandleben geht es auf demselben Weg zurück zum Anleger Capannone, wo uns die Linie 13 wieder in die „Stadt" zu unserem Ausgangspunkt bringt.

Wer noch Lust auf eine größere Tour hat, kann den Inselrundgang bis zum Anleger Punta Vela fortsetzen. Dort in der Nähe liegt auch die leider nicht näher lokalisierbare Villa, in der Brunetti sein Ferienlager aufgeschlagen und seine Fahrradausflüge zum Al Bacan gestartet hat.

Hierzu gehen wir von der Bar das kurze Stück wieder zurück zum kleinen Sträßchen und auf der *Via dei Forti* rechts weiter. Sie führt durch schattiges Grün und vorbei an Feldern und von üppigen Gärten umgebenden Landhäusern, darunter eines mit bunten Bienenstöcken und Honigverkauf. Immer wieder zweigen kurze Stichpfade zum Ufer ab, wo man seinen Blick über die Lagune schweifen lassen kann.

Bienenstöcke entlang unseres Weges

Im weiteren Verlauf leitet uns der Weg um ein großes Grundstück mit einem ungewöhnlichen Turmhaus herum. Etwa 150 Meter danach zweigt links die *Via dei Spironi* ab, die in die winzige Inselhauptstadt auf der anderen Seite von S. Erasmo führt. Wir jedoch folgen unserem Sträßchen geradeaus, das sich knapp fünf Minuten später in einen schattenlosen Feldweg entlang eines langgezogenen, teilweise zugewachsenen Fischweihers verwandelt.

Wir umlaufen ein merkwürdiges turmartiges Haus.

Der Weg führt an halb zugewachsenen Kanälen und einem Fischweiher vorbei.

Am Ende des Weihers spazieren wir mit dem Weg nach rechts und stoßen etwas später auf ein Asphaltsträßchen, die *Via de le Motte*, auf deren anderem Ende wir bereits zu Beginn unserer Tour beim Anleger Capannone gelaufen sind. Jetzt geht es nach links und nach weiteren fünf Minuten sehen wir schon den Endpunkt der Wanderung, den *Anleger Punta Vela*, von dem wir über Capannone wieder zurück nach Venedig fahren.
Das Vaporetto passiert die aus der nördlichen Lagunentour bekannte Friedhofsinsel S. Michele, auf der Davide sehr häufig mit seiner viel zu früh an Krebs verstorbenen Frau Zwiesprache gehalten hat. Nahe beim Ufer, dort wo momentan Bauarbeiten zur Friedhofserweiterung in Gange sind, ziehen Brunetti und Vianello Davides Leiche aus dem Wasser.

Entschleunigung zwischen Wasser und Land

Ein Urlaubstag der ganz entspannten Art lässt sich in der nördlichen Lagune von Venedig erleben. Wer wie Commissario Brunetti in einem traditionellen Puparìn durch die Gegend rudern will, braucht allerdings viel Übung und eine fundierte Ausbildung, wie sie der Ruderclub Canottieri Querini im Sestiere Castello in Venedig anbietet (www.canottieriquerini.it/).

Auch wer auf eigene Faust mit Kanu, Kajak oder Motorboot durch die amphibische Landschaft schippern will, benötigt gutes Kartenmaterial und nautische Kenntnisse. Die Orientierung in dem verzweigten Kanalsystem ist schwierig, und man strandet leicht in dem seichten Wasser, wenn man sich nicht an die vorgegebenen Wasserstraßen hält oder die Winde und Strömungen unterschätzt. Wir empfehlen von daher eine Exkursion mit auf das fragile Ökosystem der Lagune spezialisierten naturkundlichen Führern. Auf diese Weise können Sie zum Beispiel die suggestive Klosterinsel S. Francesco del Deserto besichtigen, den romantischen Fluss Sile hochfahren oder sich zwischen ausgedehnten Salzwiesen, verlassenen Inselchen und stillen Schilfgürteln die Tier- und Pflanzenwelt der Lagune erklären und die Seele baumeln lassen.

Vogelfreunde dürfen sich über zahlreiche Arten wie Reiher, Eisvögel, Teichhühner, Kormorane oder sogar Flamingos freuen. In der Watt-ähnlichen Landschaft gibt es auch immer wieder Möglichkeiten zur Anlandung, Einkehr und zu faszinierenden Spaziergängen zwischen Land und Wasser.

Manola Scarpa und Pier Zane aus Tre Porti organisieren Gruppentouren oder individuelle, auf Ihre Wünsche abgestimmte Halb- und Ganztagesausflüge. Nähere Informationen finden Sie unter https://www.lagunaescursioni.com oder telefonisch (auf Italienisch oder Englisch) unter 3397781132.

Bibliographische Zuordnung

🕮 *bedeutet: Schauplätze aus den Büchern.*

🎬 *bedeutet: Schauplätze aus den Verfilmungen.*

Tour 1: Nördliche Lagune

NL01 **Friedhofsinsel S. Michele** – 🕮 Die meisten Romane, 🎬 Vendetta, 🎬 Venezianisches Finale, 🎬 Verschwiegene Kanäle, 🎬 Das Mädchen seiner Träume

NL02 **Trattoria Serenella dal Coco** – 🕮 Wie durch ein dunkles Glas

NL03 **Sacca Serenella, Glasbläsereien** – 🕮 Wie durch ein dunkles Glas

NL04 **Wasserseitiger Eingang von De Cal** – 🎬 Wie durch ein dunkles Glas

NL05 **Blick auf Venedig, ein Landeingang von De Cals Glasbläserei** – 🎬 Wie durch ein dunkles Glas

NL06 **Gran Caffè Laguna** – 🕮 Wie durch ein dunkles Glas

NL07 **Trattoria Al Corallo** – 🎬 Wie durch ein dunkles Glas

NL08 **Promenade Mazzorbo** – 🕮 Das Gesetz der Lagune

NL09 **Bar Primavera** – 🕮 Stille Wasser

NL10 **Trattoria Da Romano** – 🕮 Das Gesetz der Lagune

NL11 **Postamt** – 🕮 Stille Wasser

NL12 **Calle del Turco** – 🕮 Stille Wasser

NL13 **Corte dei Vigneri, Spadinis Haus** – 🕮 Das Gesetz der Lagune

Tour 2: Östliche Lagune

OL01 **Isola S. Servolo** – 🕮 Die dunkle Stunde der Serenissima

OL02 **Bushaltestelle am Anleger Lido** – 🎬 Sanft entschlafen

OL03 **Brunettis Zahnarztpraxis** – 🕮 Das goldene Ei

OL04 **Pensione La Pergola** – 🕮 Sanft entschlafen

OL05 **Ospedale al Mare** – 🕮 Sanft entschlafen

OL06 **Pathologisches Institut im Ospedale al Mare** – Vendetta, Nobiltà

OL07 **Trattoria Andri** – Tierische Profite

Tour 3: Südliche Lagune

SL01 **Fort Caroman** – Das Gesetz der Lagune

SL02 **Kirchplatz von Pellestrina und Bar** – Das Gesetz der Lagune

SL03 **Ristorante Ai Pescatori** – Das Gesetz der Lagune

SL04 **Bar da Niky** – Das Gesetz der Lagune

SL05 **Kramladen von Signora Follini** – Das Gesetz der Lagune

SL06 **Bar Al Gatto Rosso** – Das Gesetz der Lagune

SL07 **Hafen von S. Pietro in Volta** – Das Gesetz der Lagune

SL08 **Metzgerei und Lebensmittelladen** – Das Gesetz der Lagune

SL09 **Kirchplatz von S. Pietro in Volta** – Das Gesetz der Lagune

SL10 **Buhne bei S. Pietro in Volta** – Das Gesetz der Lagune

Tour 4: Stille Lagune

STL01 **Anlieger Capannone** – Stille Wasser

STL02 **Bar und Trattoria Al Bacan** – Stille Wasser

Glasblumen auf Murano

Gastronomische Schauplätze

Die einzelnen Lokalitäten sind nach Touren geordnet mit folgenen Informationen versehen:

[€] Die Eurozeichen geben einen groben Richtwert zum Preisniveau an – falls erhoben, unter Einbeziehung des Servizio (s. S. 10). Die Preise können sich je nach Saison oder aufgrund des relativ häufigen Besitzerwechsels ändern.

€	Hauptgericht unter 10 Euro,	Softdrink unter 2 Euro
€€	Hauptgericht 10 bis 15 Euro,	Softdrink 2 bis 3 Euro
€€€	Hauptgericht 15 bis 25 Euro,	Softdrink 3 bis 4 Euro
€€€€	Hauptgericht 25 bis 40 Euro,	Softdrink 4 bis 5 Euro
€€€€€	Hauptgericht über 40 Euro,	Softdrink über 5 Euro

[Regenwolke] Unter der Regenwolke ist die Inneneinrichtung kurz beschrieben.

[Sonne] Die Sonne betrifft die Größe und die Lage des Außenbereiches sowie die ungefähre Sonneneinstrahlung.

Tour 1: Nördliche Lagune (S. 17 ff.)

Trattoria Bar Serenella dal Coco (S. 23)

Murano, Sacca Serenella 54, Tel. 041 5275238

[€] €-€€

[Regenwolke] Einfaches, hell und freundlich eingerichtetes Speiselokal.

[Sonne] Wunderschöner, sonniger Rasenplatz, der allerdings nur hie und da betischt wird.

Nicht mehr ausschließlich auf die Arbeiter der Sacca Serenella ausgerichtet.

Trattoria Al Corallo (S. 28)

Murano, Fondamenta dei Vetrai 73, Tel. 041 739636

€ €€

Rustikale Trattoria mit mehreren Räumen. Der vorderste Raum ist mit vielen historischen Fotos ausgestattett.

Wenige, bis weit in den Nachmittag hinein sonnige Tische auf der Fondamenta entlang des Rio; etwas eng.

Bar Primavera (S. 32)

Burano, Via Adriana Marcello, Tel. 02173690278

€ €€

Klassische italienische Bar: wenige Bistro-Tische an der Wand mit einer großen, beherrschenden Theke.

Einige Tische vor der Bar, ab Mittag sonnig mit Schatten spendenden Bäumen.

Auch hier gibt es die Buranelli, das für Burano typische ringförmige Gebäck.

Trattoria Da Romano (S. 34)

Burano, Via S. Martino 221, Tel. 041 735217, www.daroma.it

€ €€€-€€€€

Gehobene, aber gemütliche Inneneinrichtung. Die Wände sind über und über mit Bildern behängt.

Sonnige Terrasse an der breiten, platzartigen Hauptstraße.

Tour 2: Östliche Lagune (S. 43 ff.)

Trattoria Andri (S. 56)

Lido, Via Lepanto 21, Tel. 041 5265482

€ €€-€€€

Vom kunstsinnigen Besitzer selbst gestaltetes, modernes, kreatives Interieur.

Einige wenige Tische im schattigen Vorgarten.

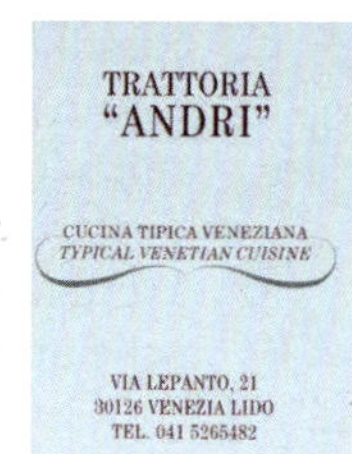

Tour 3: Südliche Lagune (S. 59 ff.)

Bar Da Niky (S. 66)

Pellestrina, Pellestrina, Via Busetti 47, Tel. 041 967352

€ €-€€

Einfach und rustikal.

Teilweise sonnige Tische auf dem Kirchplatz.

Bar Ristorante Pizzeria Ai Pescatori (S. 67)

Pellestrina, Pellestrina, Haus Nr. 316, Tel. 041 5279346

€ €€

Traditionelle Fischerkneipe mit großem Innenraum.

Tische auf einem kleinen Plätzchen mit Blick zur Lagune, die vordersten sonnig.

Bar Al Gatto Rosso (S. 78)

Pellestrina, S. Pietro in Volta, Strada Communale della Laguna Nr. 227, Tel. 0415279221

[€] €-€€

[Regen] Schnörkelloser, etwas höhlenartiger Innenraum.

[Sonne] Kleiner, nachmittags sonniger Außenbereich, man kann sich auch mit Snacks und Getränken auf die Kaimauer vor der Bar setzen und sich die Sonne auf den Pelz brennen lassen.

Tour 4: Stille Lagune (S. 84 ff.)

Ristorante, Pizzeria, Bar Al Bacan (S. 91)

S. Erasmo, Via dei Forti 26, Tel. 0412444139

[€] €-€€

[Regen] Rustikal gemütlich.

[Sonne] Großer, teilweise überdachter Biergarten zwischen Bäumen mit direktem Anschluss zum Sandstrand, teilweise Selbstbedienung.

Glaskunst auf Murano

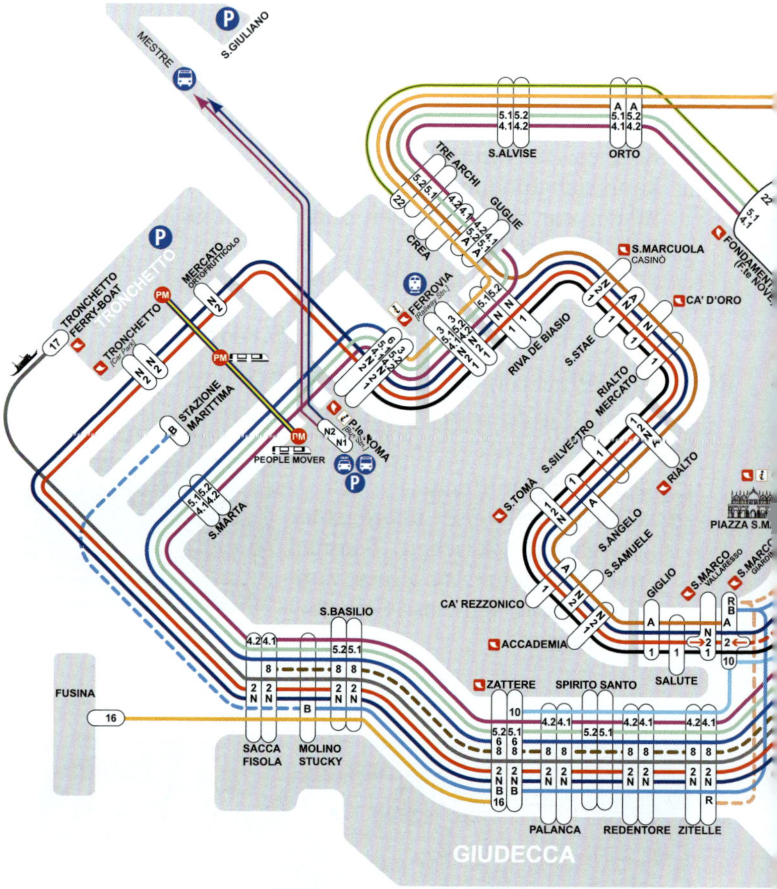

MESTRE
S.GIULIANO
TRONCHETTO
TRONCHETTO FERRY-BOAT
TRONCHETTO [Car Park]
MERCATO ORTOFRUTTICOLO
STAZIONE MARITTIMA
PEOPLE MOVER
P.le ROMA [Bus Stn.]
FERROVIA [Railway Stn.]
S.MARTA
TRE ARCHI
CREA
GUGLIE
S.ALVISE
ORTO
FONDAMENTE (F.te NOVE)
S.MARCUOLA CASINÒ
CA' D'ORO
RIVA DE BIASIO
S.STAE
RIALTO MERCATO
RIALTO
S.SILVESTRO
S.TOMÀ
S.ANGELO
S.SAMUELE
CA' REZZONICO
ACCADEMIA
GIGLIO
S.MARCO VALLARESSO
S.MARCO GIARDINI
PIAZZA S.M.
SALUTE
S.BASILIO
ZATTERE
SPIRITO SANTO
FUSINA
SACCA FISOLA
MOLINO STUCKY
PALANCA
REDENTORE
ZITELLE
GIUDECCA

Punti vendita o biglietterie automatiche Venezia Unica
Venezia Unica ticket points or self-service ticket machines

Informazioni turistiche
Tourist information

La linea ferma
The waterbus does stop here

La linea non ferma
The waterbus does not stop here

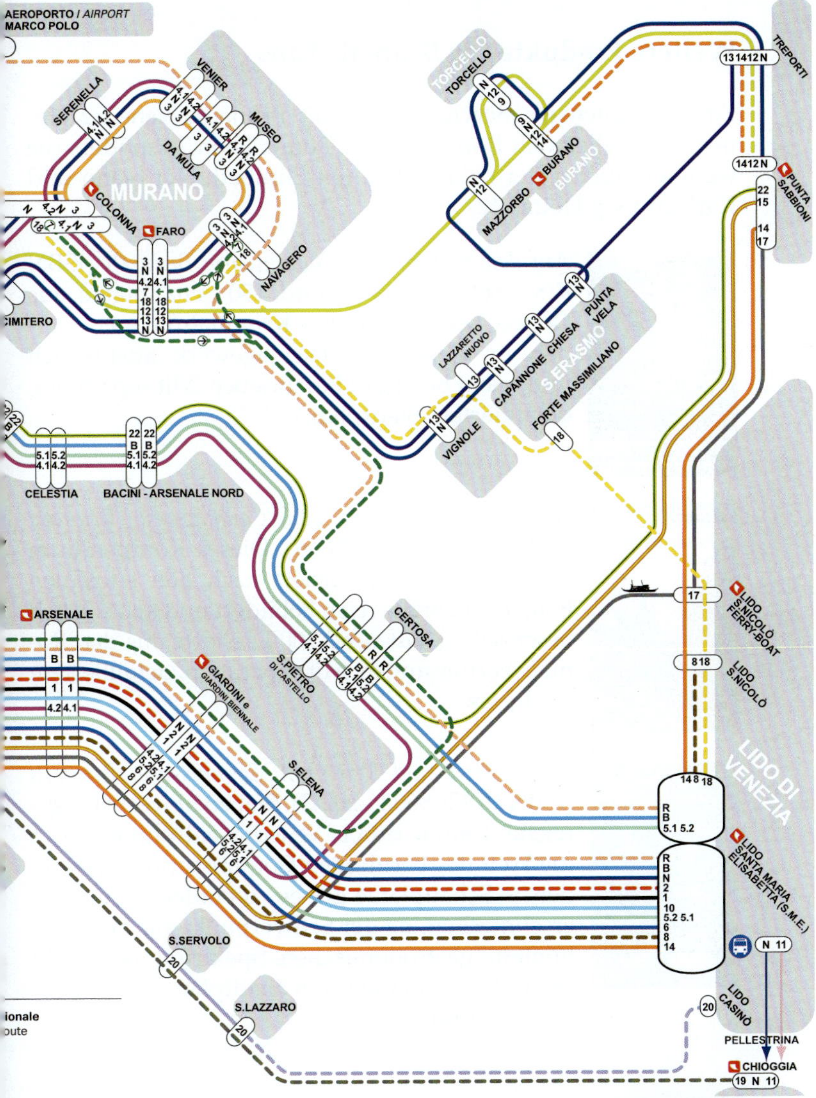

AEROPORTO / *AIRPORT*
MARCO POLO

SERENELLA
VENIER
MUSEO
DA MULA
MURANO
COLONNA
FARO
NAVAGERO
CIMITERO

TORCELLO
BURANO
MAZZORBO
TREPORTI
PUNTA SABBIONI

LAZZARETTO NUOVO
CAPANNONE
CHIESA
PUNTA VELA
S.ERASMO
FORTE MASSIMILIANO
VIGNOLE

CELESTIA
BACINI - ARSENALE NORD
ARSENALE
GIARDINI e GIARDINI BIENNALE
S.PIETRO DI CASTELLO
CERTOSA
S.ELENA

LIDO S.NICOLÒ FERRY-BOAT
LIDO S.NICOLÒ
LIDO DI VENEZIA
LIDO SANTA MARIA ELISABETTA (S.M.E.)
LIDO CASINÒ
PELLESTRINA
CHIOGGIA

S.SERVOLO
S.LAZZARO

ionale
oute

http://www.actv.it/sites/default/files/ultimamappa.pdf

Weitere Produkte für Brunetti-Fans

Für eine intensive Beschäftigung mit Brunettis Venedig eignen sich, neben den Romanen von Donna Leon, besonders die weiteren Bücher der beiden Autoren Elisabeth Hoffmann und Karl-Ludwig Heinrich:

Auf den Spuren von Commissario Brunetti (ISBN 978-3-86026-200-9). Rund 150 Schauplätze aus Donna Leons beliebten Kriminalromanen werden in diesem Nachschlagewerk ausführlich und reicht bebildert beschrieben. Mit separatem, detailliertem Stadtplan.

Hinter den Kulissen von Commissario Brunetti (ISBN 978-3-86026-201-6). Dieses Kompendium konzentriert sich, sortiert nach den einzelnen Folgen, ebenfalls reich bebildert und ausführlich beschrieben, auf rund 200 Drehorte aus den Roman-Verfilmungen. Mit separatem, detailliertem Stadtplan.

Auf Schritt und Tritt mit Commissario Brunetti (ISBN 978-3-86026-202-3). Sieben abwechslungsreiche Touren durch Venedig entführen Sie in die Welt des berühmten Commissario. Verschiedenste Schauplätze gilt es zu entdecken und zu erschmecken, da der Schwerpunkt auf Brunettis breitem gastronomischen Spektrum liegt. Mit separatem, detailliertem Stadtplan und Canal-Grande-Tour.

Weitere Informationen und ein Bestellformular finden Sie unter www.brunettistadtplan.de.